〝このことひとつ〟という歩み

唯信鈔に聞く

宮城 顗

法藏館

〝このことひとつ〟という歩み——唯信鈔に聞く——　目次

凡　例

一、引用文献、および本文の漢字は、常用体のあるものは、常用体を使用した。

一、漢文の引用文献は、書き下し文にして引用した。

一、引用文献は、以下のように略記する。

『真宗聖典』（東本願寺出版部刊）……………「聖典」

『真宗聖教全書』…………………………………「真聖全」

『大正新修大蔵経』………………………………「大正蔵」

〝このことひとつ〟という歩み——唯信鈔に聞く——

一、聖道門の歩み

一　親鸞聖人が重視された『唯信鈔』

『唯信鈔』というのは、承久三（一二二一）年、聖覚法印五十五歳のときに書かれたものです。その承久三年というのは、法然上人がお亡くなりになった建暦二（一二一二）年から九年目に当たります。その九年の間に、『御文』二帖目十五通に、

そもそも、日本において、浄土宗《じょうどしゅう》の家々をたてて、西山《せいざん》・鎮西《ちんぜい》・九品《くほん》・長楽寺《ちょうらくじ》とて、そのほかあまたにわかれたり。これすなわち法然聖人《ほうねんしょうにん》のすすめたまうところの義は一途《いちず》なりといえども、あるいは聖道門《しょうどうもん》にてありしひとびとの、聖人《しょうにん》へまいりて浄土《じょうど》の法門聴聞《ちょうもん》したまうに、うつくしくその理《ことわり》耳にとどまらざるによりて、わが本宗のこころをいまだすてやらずして、かえりてそれを浄土宗にひきいれんとせしによりて、その不同これあり。　（聖典七九三～七九四頁）

と言われるように、浄土宗がいろいろに枝分かれしていったわけです。

法然上人のもとに等しく聞法した人がいたわけですが、もともとは聖道門の学びを続けていた人が多かったわけです。その人びとが、それまでの宗を捨てて吉水の法然上人のもとに集まり、念仏の教えを聴聞された。しかし法然上人が亡くなって、そのもともとの本宗、それまで学び修めてきた宗のあり方に帰っ

ていってしまうのです。それは、「うつくしくその理耳にとどまらざる」とありますが、「うつくしく」というのは「純粋に」ということで、純粋にそのまま耳にとどまることがなかった。自分のそれまでの学びをとおして、その学びにあわせて聞いていたからです。そのために、「わが本宗のこころをいまだすてやらずして、かえりてそれを浄土宗にひきいれんとせし」と言われるように、法然上人の念仏の教えをゆがめることがおこってしまったのです。

法然上人の門下で主な流れは、西山・鎮西・九品寺・長楽寺です。そのなかで西山流は、念仏によって往生をとげるという念仏往生を説くのですが、同時に諸行も捨てない。諸行も往生の行として許すという立場をとっています。それから鎮西流は、はっきりと念仏往生と諸行往生とをならべて修するということを説きます。それから九品寺流は、念仏だけが本願ではない、諸行も本願だと説きます。念仏が本願の行だというだけでなしに、諸行もまた本願によって誓われていると、諸行本願義を立てています。それから長楽寺流も、いちおう念仏一流ですけれども、多念を称えることを強調します。多念の念仏を繰り返し称えて、その念仏の功徳を積みあげることで、臨終に至って往生の業が定まると言います。そういう多念義を立てています。いわば念仏のひとつですけれど、その念仏は諸行と同質な念仏なのです。

そのように、法然門下の人びとが、さまざまな流に分かれていっている状況のなかで、『唯信鈔』は書かれたのです。

『唯信鈔』の最後は、

念仏の要義《ようぎ》おおしといえども、略《りゃく》してのぶることかくのごとし。（聖典九二八頁）

という言葉で結ばれています。「念仏の要義を明かす」というのは、言い換えますと、西山流・鎮西流・

九品寺流・長楽寺流の人びとは、念仏を説いているけれども、念仏の要義を見失っている。それに対して、その念仏の要義を明かすということが、この『唯信鈔』の主題であるということを明らかにしておられるのです。

聖覚法印が『唯信鈔』を書かれた願いというのは、法然上人の念仏の教えの本義を明らかにしたいというものでしょう。その意味では、『唯信鈔』は『歎異抄』が書かれた動機と共通するものがある。それは、異義を歎じて、そして法然上人の真意を明らかにし、伝えるということでしょう。

『唯信鈔』は、『選択集』によっているのですが、そのなかでも特に、「第一、教相章」「第二、二行章」「第三、本願章」「第八、三心章」の四つの章を中心にとりあげられています。そしてその全体をとおして、その念仏の要義を「唯信」という言葉で表されている。

『唯信鈔』の「唯信」という題目は、聖覚法印が念仏の要義として、頷いていかれたものを表している名です。親鸞聖人が、『唯信鈔』を非常に尊ばれる意味も、その唯信というところにあります。信心為本という念仏の意義を、唯信というところで明らかにされている。そのために、親鸞聖人は『唯信鈔』を非常に尊ばれたのです。

親鸞聖人は、御消息で繰り返し『唯信鈔』を読めとすすめられています。たとえば、

『唯信鈔《ゆいしんしょう》』・『後世物語《ごせものがたり》』・『自力他力《じりきたりき》』、この御文《おんふみ》どもを、よくよくつねにみて、その御《おん》こころにたがえず、おわしますべし。

（『御消息集（広本）』第六通、聖典五六七頁）

一念《いちねん》のほかに念仏《ねんぶつ》をもうすまじきことにはそうらわず。そのようは、『唯信鈔《ゆいしんしょう》』にくわしくそうろう。よくよく、御覧《ごらん》そうろうべし。

（『御消息集（広本）』第八通、聖典五六九頁）

かならず一念《いちねん》ばかりにて往生《おうじょう》すといいて、多念《たねん》をせんは往生すまじきともうすことは、ゆめゆめあるまじきことなり。『唯信鈔《ゆいしんしょう》』を、よくよく御覧《ごらん》そうろうべし。

（『御消息集（広本）』第八通、聖典五七〇頁）

二念三念《にねんさんねん》もうして往生《おうじょう》せんひとを、ひがごととはそうろうべからず。よくよく、『唯信鈔《ゆいしんしょう》』を御覧《ごらん》そうろうべし。

（『御消息集（広本）』第八通、聖典五七一頁）

『御消息集』の第八通では、一通の手紙のなかに三度もその名をあげて見ることをすすめておられます。

このほかにもまだ、『唯信鈔』は繰り返し出てきます。善鸞の異義のときに書かれた手紙には、

日ごろようようの御ふみどもをかきもちておわしましおうてそうろう甲斐もなくおぼえそうろう。『唯信鈔《ゆいしんしょう》』、ようようの御文《おんふみ》どもは、いまは、詮《せん》なくなりてそうろうとおぼえそうろう。

（『御消息集（広本）』第十二通、聖典五七七頁）

とあります。また、同じ第十二通の終わりにも、

よくよく、『唯信鈔《ゆいしんしょう》』・『後世物語《ごせものがたり》』なんどを御覧《ごらん》あるべくそうろう。

（『御消息集（広本）』第十二通、聖典五七八頁）

と言われています。

このように、親鸞聖人にとって、『唯信鈔』という書物は非常に大きな意味をもった書物であり、繰り返し読むことをすすめておられることが注意されます。そして、建長二（一二五〇）年、親鸞聖人は、『唯信鈔』をたびたび書写して、関東の門弟方に送っておられます。そして、親鸞聖人は七十八歳のときに『唯信鈔文意』を著しておられます。そして、それからもしばしば書写しておられますが、親鸞聖人ご自身が『唯

信鈔文意』を書き写された最後が「康元二歳正月二十七日」（聖典五五九頁）で、親鸞聖人が八十五歳のときです。

「康元二歳」ということで思い出されるのは、『正像末和讃』の最初におかれている夢告です。ここに、

　康元《こうげん》二《に》歳《さい》丁巳《ひのとのみ》二《に》月《がつ》九日《ここぬかの》夜《よ》

　　寅時夢告云《とらのときゆめにつげていわく》

弥陀《みだ》の本願信ずべし　本願信ずるひとはみな

　摂取不捨《せっしゅふしゃ》の利益《りやく》にて　無上覚《むじょうかく》をばさとるなり　（聖典五〇〇頁）

とあります。これはまさに、「唯信」の夢告です。

さらに、その前の年建長八（一二五六）年は善鸞義絶の年で、親鸞聖人は八十四歳で、自分の後継者とも思い、願いを託した息子を義絶しなければならないということがあったのです。ひとりの人間としての深い悲しみと言いますか、心の傷のようなものは、言い表しようのないものがあったと思います。そういう悲しみのなかで、夢告を受けられた。そしてその夢告は、「弥陀の本願信ずべし」という、教えの原点に立ち返らせる、まさに大地に立ち返らせる夢告でした。

我が子を義絶しなければならない、そういう現実の悲痛。そこにおいて、あらためて「弥陀の本願信ずべし」ということを聞きとっておられる。そして夢告を背景にして、その年にまた『唯信鈔文意』を自ら書き写しておられるということです。そういうことをとおしても、親鸞聖人にとって『唯信鈔』が持っていた重さということをあらためて思います。

二　「唯」は、ただこのことひとつ

親鸞聖人は、『唯信鈔文意』を著しておられますけれども、『唯信鈔』の釈をされたわけではありません。『唯信鈔』に引かれている漢文の文の意を述べられたのが『唯信鈔文意』です。『唯信鈔』には、いくつかの文が引かれているのですが、たとえば、

「如来《にょらい》尊号《そんごう》甚《じん》分明《ぶんみょう》　十方《じっぽう》世界《せかい》普《ふ》流《る》行《ぎょう》
但《たん》有《う》称《しょう》名《みょう》皆《かい》得往《とくおう》　観音《かんのん》勢至《せいし》自来迎《じらいこう》」（五会法事讃）

といえる、このこころか。（聖典九一八～九一九頁）

というように、その引かれている言葉は何の注釈もつけず、「といえる、このこころか」というように、投げ出してあるように引かれているのです。聖覚法印は、引かれた言葉についての了解というものを、何も書いておられないのです。そのために、関東の同朋のなかから引文の言葉の意味がわからないと、そういう嘆きがあって、それに応えられたのが『唯信鈔文意』であると言われています。

そのように、『唯信鈔』に引かれている文の意を解釈されたのが『唯信鈔文意』なのですが、『唯信鈔』の題号には、こまかな注をつけておられます。

「唯信抄《ゆいしんしょう》」というは、「唯《ゆい》」は、ただこのことひとつという。ふたつならぶことをきらうことばなり。また「唯」は、ひとりというこころなり。「信《しん》」は、うたがいなきこころなり。すなわちこれ真実の信心なり。虚仮《こけ》はなれたるこころなり。「虚《こ》」は、むなしという。「仮《け》」は、かりなるということなり。

「虚」は、実《じつ》ならぬをいう。「仮」は、真《しん》ならぬをいうなり。本願他力《ほんがんたりき》をたのみて自力《じりき》をはなれたる、これを「唯信《ゆいしん》」という。「鈔《しょう》」は、すぐれたることをぬきいだし、あつむることばなり。このゆえに「唯信鈔《ゆいしんしょう》」というなり。また「唯信」はこれ、この他力《たりき》の信心のほかに余《よ》のことならわずとなり。すなわち本弘誓願《ほんぐぜいがん》なるがゆえなればなり。（聖典五四七頁）

これだけの言葉で、この内容を釈しておられます。そこにまず、「唯」は、「ただこのことひとつという。ふたつならぶことをきらう」と言われ、同時に「ひとりというこころなり」と言われています。これは注意を引く言葉です。

唯
このことひとつ、ふたつならぶことをきらう
ひとり

「唯」について、「このことひとつ、ふたつならぶことをきらう」と言われますが、この意味はわかります。けれども、「ひとり」という註を、親鸞聖人はわざわざつけておられる。そういった言葉が、注意されるわけです。

「このことひとつ」、「ふたつならぶことをきらう」というのは、選択、選びです。これは『選択集』の「選択」を、「唯」の一句で受け止めておられる。

「ふたつならぶことをきらう」と言われますが、だいたい私たちは、行信に迷うということがある。広く言いますと、行とは「何をなすべきか」ということで、自分がこの一生をあげてなすべきことがわから

ないという問題です。それから、信というのは「信じうるものは何か」ということで、これは何を信ずべきかがわからないという問題です。この行信が定まらないというところに、私たちの悩み、あるいは流転ということがある。逆に言えば、行信が定まれば、どういう状況にあっても、その状況を引き受けて生きていくことができるのです。けれども、いかんせんこの行信が定まらない。

そこで結局、宗教に道を求める。ですから、宗教は行信を明らかにしてくれる。何をなすべきか、信ずべきものは何かを明らかにしてくれるものとして、宗教を求めるということがある。ところが、この宗教がまた多岐にわたる。仏教ひとつにおいても、それこそ八万四千に余るほどの道がある。ですから、仏教のなかでまた行信に迷うということがある。諸仏に迷うということがある。諸仏はだいたい行をかたどるものです。それぞれが、それぞれの行を成就して仏果を得る。諸仏は印を結んでいますが、行ということから言いますと、小指・無名指・中指・頭指・大指が、それぞれ十波羅蜜をかたどります。左手の五本の指は、小指は布施、無名指は持戒、中指は忍辱、頭指は精進、それから大指は禅定です。そして、右手の五本の指は、小指は慧、無名指は方便、中指は願、頭指は力、そして大指は智をかたどると言われています。

このように、十波羅蜜をそれぞれの指が表している。その指の組み方によって、その仏の、その成就した行がかたどられる。それぞれその行をとおして等しくさとりを成就した、仏果を成就したということを、背中の円い光、円光で表す。ともかく、広く言いますと、諸仏はそういう行をかたどる。諸仏に迷うということは、行に迷うということです。ですから、仏教にあって、なおその行信の門に迷うということがある。そこに、行信を定めるための選択という問題が出てくるのです。

いかなる行を取り、いかなる行を捨てるか。そこに、選択ということには廃立ということがある。あるものを廃し、あるものを立てる。問題は、その廃立の基準です。何によって選ぶのか、何によって選んでいるのか、そこにいろいろと選びが分かれてくる。七高僧の歴史のうえでは、三師の教相ということが言われています。

曇鸞――二道判（難行道・易行道）――行道
道綽――二門判（聖道門・浄土門）――証道
善導――二蔵判（声聞蔵・菩薩蔵）――教法

龍樹菩薩をとおして、曇鸞大師が、難行道と易行道の二道判をされました。そして、道綽禅師は、聖道門と浄土門の二門判をされ、それから、善導大師は、声聞蔵と菩薩蔵の二蔵判をされました。七高僧にあっても、こういう選びの違いがあります。二道判は、行道についての選択、行道の選びです。それから二蔵判は、教法について選択されている。法然上人の『選択集』は、偏依善導ですから、当然この二蔵判によられたのですが、二門章では聖道門と浄土門の二門判をかかげておられます。

そして今、『唯信鈔』もそれを受けて、聖道門と浄土門という判釈がなされている。この二門判というのは、証道、その人間のうえにおいて決判されているわけです。いわゆる教法を前において判釈するのではなくて、端的に言えば、さとれるかさとれないか、私において仏道が成就するかしないか、この私において仏道とは、という視点で判釈がされているのです。この私における仏道はどこで成就するのか。

それについて、『唯信鈔』では、

まことに教《きょう》の本意《ほんい》、しるべけれども、末法《まっぽう》にいたり濁世《じょくせ》におよびぬれば、現身《げんしん》にさとりをうること、億億《おくおく》の人の中に一人《いちにん》もありがたし。（聖典九一六頁）

と、末法・濁世に生きる者と言われています。「化身土巻」に引かれる『安楽集』の文のなかに、

時に約し機に被《かぶ》らしめて、（聖典三五八頁）

と、「約時被機」という言葉があります。そしてそこにやはり、『大集経』の言葉によって、

当今、末法にしてこれ五濁悪世《ごじょくあくせ》なり。（聖典三五九頁）

と、「末法」「五濁悪世」という時代を押さえられている。末法五濁という現実に立って、一代仏教を判釈したのが二門判です。つまり仏教が説き明かしている教理に立って、選んでいる選択ではない。末法五濁ということも、教理として立てられている言葉としてではなく、文字どおりそこに機ということがある。時と機と方便で、具体的な人間の事実としての末法濁世です。その末法濁世という、五濁の世という現実を生きる者として、真実の道とは何か。『唯信鈔』ではそれを、

それ、生死《しょうじ》をはなれ、仏道《ぶつどう》をならんとおもわんに、ふたつのみちあるべし。ひとつには聖道門《しょうどうもん》、ふたつには浄土門《じょうどもん》なり。（聖典九一六頁）

と一番最初に言われ、末法濁世を生きる者において、生死を離れ仏道を成就する道とは何か、その一点で選択されているのです。

ですから『唯信鈔』も、その意味では、『選択集』がその背後にあり、しかもさらに『安楽集』がその背景に流れているのです。『唯信鈔』の、最後のいわゆる「後序」にあたる言葉をみると、

これをみん人、さだめてあざけりをなさんか。しかれども、信謗《しんぼう》ともに因《いん》として、みな、まさに浄《じょう》土《ど》にうまるべし。今生《こんじょう》ゆめのうちのちぎりをしるべとして、来世《らいせ》さとりのまえの縁《えん》をむすばんとなり。われおくれば人にみちびかれ、われさきだたば人をみちびかん。生生《しょうじょう》に善友《ぜんぬ》となりて、たがいに仏道を修《しゅ》せしめ、世世《せせ》に知識《ちしき》として、ともに迷執《めいしゅう》をたたん。（聖典九二九頁）

と言われています。

これは、『教行信証』「化身土巻」の最後に引かれている、

前《さき》に生まれん者は後《のち》を導き、後《のち》に生まれん者は前《さき》を訪《とぶら》え、連続無窮《れんぞくむぐう》にして、願わくは休止《くし》せざらしめんと欲す。無辺の生死海《しょうじかい》を尽《つ》くさんがためのゆえなり、と。（聖典四〇一頁）

という『安楽集』の文と通じる言葉です。

ですから、『唯信鈔』には、『安楽集』が強く受けとられていることがわかります。それはやはり、末法濁世の身において仏道を問いなおしているということです。それは末法濁世ということが、それこそ道綽禅師においては、「暴風駛雨に異ならん」（真聖全一、四一〇頁）と言われるように、我が身を突き飛ばすほどの現実として末法濁世が捉えられ、その一点に立って仏道を問うていかれたということがある。つまりその選択、選びというのは、そのまま自分の人生の選びということであり、人間の選びということがそこにあるわけです。自分の生き方を離れて、教法をどちらがよいか、どちらがすぐれているかと選ぶのではなく、まさしく自らが生きることとして教法を選んでおられる。

善導大師の言葉で言えば、つまり解学としての選びではなくて、行学としての選び、生きることとしての選びです。そういう意義がこの『唯信鈔』には色濃くあります。

親鸞聖人が、わざわざ「唯」という言葉に「ひとり」という言葉をおいておられる意味も、やはりそういうことにかかわってくるだろうと思います。つまりいうならば、「唯」という選択は自己一人《いちにん》の発見です。そこに自己の環境ということとひとつになった選びということ、選ぶ前と選んだ後と変わらないという選びは解学です。それは、自分を守るものを選び分ける、それだけのことになります。行学としての選びというときには、その道を選ぶときその道から自分が生まれ出る。つまり、自らの誕生としての選びという意味がそこにあります。親鸞聖人が、「唯」という言葉に、「ひとり」という解釈をされているということには、そういう意味があるのではないかと思います。

三　「唯」は、ひとりというこころ

『唯信鈔』の「唯」という言葉を、親鸞聖人は、「このことひとつ」ということと同時に、「ひとりというこころなり」と釈されます。「唯」という言葉に、「ひとり」という解釈がされるのは、あまり目にしないことです。しかし、考えてみると当然のことで、何かひとつを選び取るということは、必ずひとりに立つということが求められるわけです。

求められると同時に、ひとりというあり方が、否応なしに結果されてくると言ってもいいわけです。自分の人生に対して、ひとつの態度を選び取っていないときには、必ずいわゆる「われわれ」として生きている。数のなかにまぎれこんで生きているわけで、それこそ「赤信号みんなで渡れば怖くない」という生き方です。「みんな」という大勢に従って生きている。この大勢に従っているかぎり、ひとりということはありません。ひとつの選びをする。そのひとつの選びというものは、必ず人間を一人《いちにん》に立たしめる。そして問題は、その一人において、人びとと出遇えるかということです。

これは大地の会について、忘れられない安田理深先生の言葉があります。それは、「自分ひとりではなかなか聞法できないので、皆様にお集まりいただきました」という言葉です。安田先生は、その会の全体を自分ひとりのためと言われたのです。まさにそのように、一人ひとりが自分ひとりの会として参加するということがあるのです。しかもそのひとりは、すべての人に押し出され支えられている一人《いちにん》です。そういうことをおっしゃった、安田先生の言葉が忘れられません。

「信巻」に説かれる三心釈、三心一心問答に、二つの問答があげられています。その第一問答は、いわゆる字訓釈です。至心・信楽・欲生という言葉について、一字一字釈していかれる。そしてそれを合釈されて、

「至心」はすなわちこれ真実誠種《しんじつじょうしゅ》の心なるがゆえに、疑蓋《ぎがい》雑《まじ》わることなきなり。「信楽《しんぎょう》」はすなわちこれ真実誠満《しんじつじょうまん》の心なり、極成用重《ごくじょうゆうじゅう》の心なり、審験宣忠《しんけんせんちゅう》の心なり、欲願愛悦《よくがんあいえつ》の心なり、歓喜賀慶《かんぎがけい》の心なるがゆえに、疑蓋《ぎがい》雑《まじ》わることなきなり。「欲生」はすなわちこれ願楽覚知《がんぎょうかくち》の心なり、成作為興《じょうさいこう》の心なり、大悲回向の心なるがゆえに、疑蓋《ぎがい》雑《まじ》わることなきなり。

（聖典二二四頁）

と言われています。

ここに、「至心」というのは、「真実誠種の心」であるとされています。「真実の誠なる種」の心です。「種」については、『観経疏』「玄義分」に、

種と言うは即ち是其の心なり。（真聖全一、四六〇頁）

という釈がされています。

また、「教巻」に『平等覚経』の文が引かれていて、そこには、

『平等覚経』に言《のたま》わく、仏、阿難《あなん》に告げたまわく、「世間に優曇鉢樹《うどんばつじゅ》あり、ただ実《み》ありて華《はな》あることなし、天下《てんげ》に仏まします、いまし華《はな》の出《い》ずるがごとしならくのみ」。（聖典一五四頁）

と、「ただ実ありて華あることなし」という言葉で、衆生ということを表されています。そこに説かれる「実」は、今の「種」です。ですから、種は持っているけれども華は開かないということは、自覚にならないということ、可能性は持っているけれど、それが具体的な事実にならないということです。ですから、仏世に出でますというとき、それは種あることを明らかにするのです。自ら華開くことにおいて、一切の存在に種あるということを明らかにする。「いまし華の出ずるがごとしならくのみ」と、至心はその意味では「真実の誠なる種」です。

それに対して、「信楽」においては、

真実誠満《しんじつじょうまん》の心なり、極成用重《ごくじょうゆうじゅう》の心なり、審験宣忠《しんけんせんちゅう》の心なり、欲願愛悦《よくがんあいえつ》の心なり、歓喜賀慶《かんぎがけい》の心なるがゆえに、（聖典二二四頁）

と言われています。「真実誠満の心」というのは、誠満というのは華開くということで、真実誠なる種が満足成就するということです。そしてさらに、信楽そのものは、「極成用重の心なり、審験宣忠の心なり、欲願愛悦の心なり、歓喜賀慶の心なるがゆえに」と示されます。

「極成用重」というのは、講録を見ますと「用重を極成する」、つまり如来成満した真実なる心を用い尊重するという意味だとされています。真実なる心を生き、真実なる心を尊ぶということが、極成成就する。

そしてそれをとおして「審験宣忠の心」、「審・験・宣」は、いずれも明らかにするということです。特に審はきっぱりと明瞭にするという、決という意味、はっきりと定める。それから験は、しるしをあげてはっきりとさせる。それから宣も、明らかにする。ですから、「審験宣」は、きっぱりと明らかにして他に心を移さないという意味になります。「審験宣忠」の「忠」というのは、二心なしということ、つまり「もっぱら」、「ただ」ということです。「信楽」については、『尊号真像銘文』に、

信楽《しんぎょう》というは、如来の本願、真実にましますを、ふたごころなくふかく信じてうたがわざれば、信楽ともうすなり。（聖典五一二頁）

と言われています。この「ふたごころなくふかく信じて」というのが、「審験宣忠の心」です。そして次に、「欲願愛悦の心なり」と言われています。その「欲願愛悦」というところに、一人《いちにん》の成就があります。欲願を愛悦するということですが、より深くは自らを愛悦しうる欲願。その欲願において、自らを愛悦できる。真に自分を尊重できるという願です。本願とは、そういう本願において自分の夢を満たすのではない。そこにはじめて、人間を、自己というものを尊重できる心をたまわるのです。そういう心が、「欲願愛悦の心」です。しかもそれは、ただ一人。

しかもその一人は、その次に「歓喜賀慶の心」と言われますが、歓喜は身心のよろこび。身が歓び心が喜ぶ。同時に賀慶は、共によろこぶ心です。

「歓喜」については、『一念多念文意』に、

「歓喜《かんぎ》」というは、「歓」は、みをよろこばしむるなり。「喜」は、こころによろこばしむるなり。うべきことをえてんずと、かねてさきよりよろこぶこころなり。（聖典五三四～五三五頁）

という釈があります。

歓喜というのは、歓は身を歓ばし、喜は心に喜ばす。しかも、そのよろこばしむる内容が、「うべきことをえてんずと、かねてさきよりよろこぶこころなり」、つまり確信です。遇いえたものへの確信です。

それに対して、「慶」という言葉については、『唯信鈔文意』に、

慶《きょう》は、よろこぶという。信心をえてのちによろこぶなり。（聖典五五五～五五六頁）

と言われ、さらに、『一念多念文意』にも「慶」という言葉が釈されていて、

「慶《きょう》」は、うべきことをえて、のちによろこぶこころなり。（聖典五三九頁）

また、「歓喜」については、

「歓喜《かんぎ》」は、うべきことをえてんずと、さきだちて、かねてよろこぶこころなり。（聖典五三九頁）

と言われているのです。ですから、「歓喜」は、かねてさきよりよろこぶ心であり、「賀慶」は得てのちによろこぶ心です。しかもその慶は、共によろこぶという意味を持っているのです。

次に、「欲生」については、「願楽覚知の心」「成作為興の心」と言われています。「願楽覚知の心」というのは、本願を覚知するということです。それから「成作為興の心」、「成作」は「成」仏「作」仏です。「為興」は、成仏作仏して衆生の「為」に大悲を「興」すことです。つまり、信楽を破って歩み出るものが欲生心です。言葉を換えると、信心が信心にとどまれば信心ではない。信心は信心を破って欲生の歩みを呼びさます。それが、欲生我国ということ。つまり欲生がなければ、その信楽はただの個人的な安らぎに終わってしまう。

信心とは、欲生に目覚めること、つまり願に目覚めることなのです。願に生きるということのない信は

ない。ですから、親鸞聖人が、三心釈をとおして力を尽くして説かれようとされることは、信は到達点ではないということなのです。信は、その信の内から限りなく欲生我国の心を生み出す。それは、如来本願の勅命を聞きとる心、我が国に生まれんと欲《おも》えという勅命を聞きとる心を生み出すのです。そのような本願の三心ということが、『唯信鈔』では『観無量寿経』の三心釈をとおして展開されます。

四　聖道門と浄土門の選び

『唯信鈔』で説かれていることを、大まかに見てみたいと思います。まず初めには、

それ、生死《しょうじ》をはなれ、仏道《ぶつどう》をならんとおもわんに、ふたつのみちあるべし。ひとつには聖道門《しょうどうもん》、ふたつには浄土門《じょうどもん》なり。（聖典九一六頁）

と、聖道門と浄土門という二門の判釈がされます。そして続いて、

聖道門というは、この娑婆《しゃば》世界にありて、行《ぎょう》をたて功《こう》をつみて今生《こんじょう》に証《しょう》をとらんとはげむなり。（聖典九一六頁）

と、聖道門についての説明がされてきます。そして、それが終わってから、

ふたつに浄土門《じょうどもん》というは、今生《こんじょう》の行業《ぎょうごう》を回向《えこう》して、順次生《じゅんししょう》に浄土《じょうど》にうまれて、浄土にして菩薩《ぼさつ》の行を具足《ぐそく》して、仏《ぶつ》にならんと願《がん》ずるなり。（聖典九一六～九一七頁）

と、浄土門の説明がされます。そして、浄土門について、

ただし、この門に、またふたつのすじ、わかれたり。ひとつには諸行往生《しょぎょうおうじょう》、ふたつには念仏往生《ねんぶつおうじょう》な

り。（聖典九一七頁）

と、諸行往生と念仏往生の二つに分けられます。そして、

諸行往生というは、あるいは父母《ぶも》に孝養《きょうよう》し、あるいは師長《しちょう》に奉事《ぶじ》し、あるいは五戒《ごかい》・八戒《はっかい》をたもち、（聖典九一七頁）

と、諸行往生の説明がされます。それが終わったところで、

ふたつに念仏往生というは、阿弥陀の名号《みょうごう》をとなえて往生をねがうなり。（聖典九一七頁）

と、念仏往生について説かれます。

そして、念仏往生について、さらに、

つぎに念仏往生の門《もん》につきて、専修《せんじゅ》・雑修《ざっしゅ》の二行《にぎょう》わかれたり。（聖典九一九頁）

と、専修と雑修の二行を分けて解説されます。そして、

専修《せんじゅ》というは、極楽をねがうこころをおこし、本願《ほんがん》をたのむ信《しん》をおこすより、ただ念仏の一行《いちぎょう》をつとめて、まったく余行《よぎょう》をまじえざるなり。他の経《きょう》・呪《じゅ》をも、たもたず、余《よ》の仏《ぶつ》・菩薩《ぼさつ》をも念《ねん》ぜず、ただ弥陀の名号《みょうごう》をとなえ、ひとえに弥陀《みだ》一仏《いちぶつ》を念ずる、これを専修《せんじゅ》となづく。（聖典九一九〜九二〇頁）

と、専修について説かれます。そして続けて、

雑修《ざっしゅ》というは、念仏をむねとすといえども、また余の行をもならべ、他《た》の善《ぜん》をもかねたるなり。このふたつの中《なか》には、専修《せんじゅ》をすぐれたりとす。（聖典九二〇頁）

と、専修のすぐれたことを説かれています。

そして次に、専修の念仏について、

つぎに、念仏をもうさんには、三心《さんじん》を具《ぐ》すべし。（聖典九二二頁）

と、三心の解説が始まります。そして、

『観無量寿経』《かんむりょうじゅきょう》にいわく、「具三心者《ぐさんじんしゃ》　必生彼国《ひっしょうひこく》」といえり。善導《ぜんどう》の釈にいわく、「具此三心必得往《ぐしさんじんひっとくおう》生也《じょうや》　若少一心即不得往生《にゃくしょういっしんそくふとくおうじょう》」（往生礼讃）といえり。（聖典九二二頁）

と、『観無量寿経』と善導大師の文があげられ、それが解説されています。そして、

その三心《さんじん》というは、ひとつには至誠心《しじょうしん》、これすなわち真実のこころなり。（聖典九二二頁）

と、至誠心に始まって、

ふたつに深心《じんしん》というは、信心《しんじん》なり。（聖典九二三頁）

と、深心について説かれます。そしてその深心釈のなかに、

いまこの信心につきてふたつあり。ひとつには、わがみは罪悪生死《ざいあくしょうじ》の凡夫《ぼんぶ》、曠劫《こうごう》よりこのかた、つねにしずみ、つねに流転《るてん》して、出離《しゅつり》の縁《えん》あることなしと信ず。ふたつには、決定《けつじょう》してふかく阿弥陀仏の四十八願《しじゅうはちがん》、衆生《しゅじょう》を摂取《せっしゅ》したまうことを、うたがわざれば、かの願力《がんりき》にのりて、さだめて往生することをうと信ずるなり。（聖典九二三頁）

と、二種深信があげられています。それから、

みつには、回向発願心《えこうほつがんしん》というは、な《（名）》のなかに、その義《ぎ》きこえたり。（聖典九二四頁）

と、回向発願心が説かれて、三心の釈が終わります。

次に、念仏の一道についての疑難をとおして、念仏を明らかにするということがなされています。一番目には、臨終の念仏と尋常の念仏の問題です（聖典九二五頁）。二番目は、『浄土論註』の八番問答にも出て

きます問答で、要するに業の問題です（聖典九二六頁）。それから、三番目の問いは宿業（聖典九二七頁）。それから、四番目の問題は、念仏と信心の問題です（聖典九二八頁）。この四つの問題が取りあげられて、『唯信鈔』は終わります。

『唯信鈔』の全体の流れは、こういう流れを持っています。ここでひとつ気になることは、『唯信鈔』は法然上人が亡くなった後に、その法然上人の教えの真義を明らかにするという願いをもって、聖覚法印が書かれたものです。この『唯信鈔』では、聖道門と浄土門の二門判から始まって、諸行往生と念仏往生、そして専修と雑修の三つの選びがされていました。

ところが、法然上人の選びはどうかというと、『選択集』では、

また云《い》わく、それ速やかに生死《しょうじ》を離《はな》れんと欲《おも》わば、二種の勝法《しょうぼう》の中に、しばらく聖道門《しょうどうもん》を閣《さしお》きて、選びて浄土門《じょうどもん》に入れ。浄土門に入《い》らんと欲わば、正雑二行《しょうぞうにぎょう》の中に、しばらくもろもろの雑行《ぞうぎょう》を抛《なげう》ちて、選びて正行《しょうぎょう》に帰すべし。正行を修《しゅ》せんと欲わば、正助二業《しょうじょにごう》の中に、なお助業《じょごう》を傍《かたわら》にして、選びて正定《しょうじょう》を専《もっぱ》らすべし。（「行巻」聖典一八九頁）

とあります。

法然上人は、聖道門と浄土門の二門判をされます。『唯信鈔』も、それをそのまま受け継いでいます。その意味では、『選択集』が『唯信鈔』の背景にあることは間違いありません。そしてさらに、法然上人は、そこから正行と雑行の選びをされ、さらには、正定業と助業の選びをされています。

ところが、『唯信鈔』では、法然上人の「三選の文」によらずして、諸行往生と念仏往生、そして専修と雑修の選びになっているのです。そのように、選びに違いのあることが、ひとつ注意されます。

また、『選択集』では、

それ速やかに生死《しょうじ》を離《はな》れんと欲《おも》わば、

（「行巻」聖典一八九頁）

という言葉で、この三選の文があげられていますが、『唯信鈔』ではその言葉にかわり、

それ、生死《しょうじ》をはなれ、仏道《ぶつどう》をならんとおもわんに、

（聖典九一六頁）

という言葉がおかれています。

それから、『選択集』では、「浄土門に入らんと欲わば、雑行を捨て正行によれ。正行に入らんと欲わば、助業を傍にして正業によれ」という展開になります。浄土門に入ろうと思うならば、まず正行と雑行の二つあるなかで、「しばらく雑行を抛ちて選びて正行に帰すべし」。聖道門を閣《さしお》き、雑行を抛《なげう》ち助業を傍《かたわら》にする。

それに対して『唯信鈔』のほうは、聖道門と浄土門の二つのうち、浄土門を選び取る。さらに浄土門のなかに、諸行往生と念仏往生の二つがあると開き、それからまた、念仏往生のなかに、専修と雑修の二つがあると、このように開いていくという形で説かれています。『選択集』は、どこまでも捨てていかれます。それに対して『唯信鈔』は、浄土門のなかを開いていかれる。これは、『唯信鈔』の姿勢が、『選択集』と違うということなのです。

その違いというのは、『選択集』では法門の選びがなされているのに対して、『唯信鈔』のほうは往生道として、念仏者としての歩みが問われているのです。『選択集』は法門の選びがされている。正行と言われるのは、これは五正行です。もろもろの雑行を捨てて五正行。その五正行のうち称名念仏の一行によって、正定業によってその他の四つは傍らにすると選択がされている。それに対して『唯信鈔』は、末法濁

世を生きていく、念仏者としての歩みが説かれているのです。

法然上人は、やはり浄土門の独立という使命をになっておられる。ところが聖覚法印は、浄土門に生きる歩みを問題にしておられる、それが違いになってあらわれているのです。『唯信鈔』が、『選択集』を背景にされていることは間違いがありません。しかし、『唯信鈔』においては、その選びの視点は末法濁世の現身というところにおかれている。そのような違いがあるということです。

聖覚法印が自らの立場とされた、末法濁世の現身という問題は、親鸞聖人においては、第三十五願の問題であると言えます。第三十五願を見てみますと、

たとい我、仏を得んに、十方無量不可思議の諸仏世界に、それ女人《にょにん》あって、我が名字《みょうじ》を聞きて、歓喜信楽《かんぎしんぎょう》し、菩提心《ぼだいしん》を発《おこ》して、女身《にょしん》を厭悪《えんお》せん。寿《いのち》終わりての後、また女像《にょぞう》とならば、正覚を取らじ。

（『無量寿経』聖典二一〜二二頁）


とあります。そこには、「それ女人あって（其有女人）」、「女身を厭悪せん（厭悪女身）」、「また女像とならば（復為女像者）」という言葉の移り行きがあります。その女人・女身・女像には、やはり身という問題が問われている。今、その意味でこの浄土門仏教とは、その身というところに一貫して視点がおかれている。身を一歩も離れないということがある。そういうことも、すこし考えていきたいと思います。

五　聖道門の四つの機類

聖覚法印は、聖道門ということをまず、

聖道門というは、この娑婆《しゃば》世界にありて、行《ぎょう》をたて功《こう》をつみて今生《こんじょう》に証《しょう》をとらんとはげむなり。

（聖典九一六頁）

という言葉で押さえておられます。それはやはりその限りにおいては、小乗も大乗も同じく惑を断じて理を証るという、断惑証理の歩みです。その惑というのは、見惑と思惑で、見惑は理知的な対象的な惑いです。そして思惑は、いわゆる情的な惑いです。知的な惑いは、ある意味で非常に激しい形であらわれるけれども、わかればただちに断ち切ることができる。真実に触れれば、たちどころに消えるのが知的な惑いです。けれども、情的な惑いは真実に触れても、切れたかと思えばまだ糸を引いている。

つまり見惑は見道所断。思惑は修道所断。見道は真実に目覚める、真実をあきらかに知る、真実に眼開いたときが断ち切られるときです。思惑は修する、つまり一歩一歩その生活のなかで断ち切られていく。行を立て功を積んでなくしていくわけですから、聖道門の歩みは歴劫迂回の歩みになり、一挙にということができない。永い時間をへて、一歩一歩行を立て功を積んではじめて成就する道なのです。

その、聖道門というのは、

いわゆる、真言《しんごん》をおこなうともがらは、即身《そくしん》に大覚《だいかく》のくらいにのぼらんとおもい、法華《ほっけ》をつとむるたぐいは、今生《こんじょう》に六根《ろっこん》の証《しょう》をえんとねがうなり。

（『唯信鈔』聖典九一六頁）

と、真言においては即身成仏、法華においては六根清浄です。そこにすなわち、教理から言えばその身そのままに迷いを離れるということがあるのです。

これは『歎異抄』の第十五章の問題です。

煩悩具足《ぼんのうぐそく》の身をもって、すでにさとりをひらくということ。この条、もってのほかのことにそうろう。

即身成仏《そくしんじょうぶつ》は真言秘教《しんごんひきょう》の本意、三密行業《さんみつぎょうごう》の証果《しょうか》なり。六根清浄《ろっこんしょうじょう》はまた法華一乗《ほっけいちじょう》の所説、四安楽《しあんらく》の行の感徳なり。これみな難行上根《なんぎょうじょうこん》のつとめ、観念成就《かんねんじょうじゅ》のさとりなり。
（聖典六三六頁）

と言われています。さらに、この身このままでさとりを開くということを批判して、

この身をもってさとりをひらくとそうろうなるひとは、釈尊のごとく、種種の応化《おうけ》の身《しん》をも現じ、三十二相・八十随形好《ずいぎょうこう》をも具足して、説法利益《せっぽうりやく》そうろうにや。
（『歎異抄』聖典六三六頁）

と言われています。その身そのままで成仏するということならば、その身が説法利益していなければならない。実際いつもその身が説法利益しているのかと言われるのです。

つまり、その身がどうなっているのかという問いが、そこにあげられている。つまり教理としては、即身成仏を説くけれども、実際は歴劫迂回だということでしょう。現実には、行を立て功を積んで成就して、はじめてさとりを開くことができるのです。

『唯信鈔』に帰りますと、

まことに教《きょう》の本意《ほんい》、しるべけれども、末法《まっぽう》にいたり濁世《じょくせ》におよびぬれば、現身《げんしん》にさとりをうること、億億《おくおく》の人の中に一人《いちにん》もありがたし。
（聖典九一六頁）

と、その教えの教理としてはわかるけれども、現実にその教えのごとくに成就するものは、何億の人のなかでひとりもいない。つまり、そういう人は、理としては成り立つけれども現実には存在しないという批判をされています。聖覚法印は、「末法にいたり濁世におよびぬれば、現身にさとりをうること」と、末法濁世の現身にはさとりを得られないと言われているのです。けれども、歴劫迂回だということから言うと、聖道の道は理はともかく実際は永い年月、行を積んではじめて成就する道だということですから、そ

の行そのものが難行なのであって、それは時代を超えて難行なのです。ただ単に、末法濁世だからさとれないということではない。いかなる時代であれ、歴劫迂回であるかぎり難行であって、さとりを得ることはできないのです。行の構造そのものが難行なのです。

難行ということについては、龍樹菩薩においては、その行体の難を明らかにされました。龍樹菩薩は、難行ということの意味を、諸・久・堕と説明されています。

> 阿《あ》惟《ゆい》越《おっ》致《ち》地《じ》に至るは、諸の難行を行ずること久しくして乃ち得べし。或は声聞辟支仏地に堕す。
>
> （『十住毘婆沙論』「易行品」真聖全一、二五三頁）

「諸」というのは、いろいろな行を積まなければならない。「久」というのは、永い間、久しい間の歩みを積んではじめて成り立つということです。

「堕」について、『唯信鈔』では続いて、

> 億億《おくおく》の人の中に一人《いちにん》もありがたし。これによりて、いまのよにこの門をつとむる人は、即身《そくしん》の証《しょう》においては、みずから退屈《たいくつ》のこころをおこして、
>
> （聖典九一六頁）

と言われています。龍樹菩薩が言われた「堕」というのは、ここにある「退屈のこころ」です。その修行の永さにたえられないのです。つまり、私たちの歩みは、結果あるいは評価に支えられた歩みです。結果が出れば勢いづきますけれども、やってもやっても効果が出ないというときには、退屈を感じてしまうのです。こんなことをしてどうなるのかということで、日常性に怠惰を感じ退いてしまう。これが「堕」の現実的な姿です。ひとつの道を歩むというときに、退屈ということがある。これは私たちが現実において、常におちいるところです。なかなか思うように結果も出ず、評価も定まらないというのが常です。そのよ

うに、自分のしていることにむなしさを感じる。

そのように、聖道自力の行は、諸の行を久しくつとめなければならないし、そこにはたえず退屈を感ずる危険がある。その諸の久しい行と、自らの退屈にたえることができるのはどうしてかというと、仏の存在があるからです。仏ましますということが、その永い歩みを支えるのです。ですから、聖道門にあっては、大聖ましますということが、仏道を成り立たせる基本になるのです。ですから、「末法にいたり濁世におよびぬれば」という立場に立っておられる『唯信鈔』においては、「億億の人の中に一人もありがたし」と言われるのです。

ここから、人間を四つの機類に分けられます。

あるいは、はるかに慈尊《じそん》の下生《げしょう》を期《ご》して、五十六億七千万歳のあかつきのそらをのぞみ、あるいは、とおく後仏《ごぶつ》の出世をまちて、多生曠劫《たしょうこうごう》、流転生死《るてんしょうじ》のよるのくもにまどえり。あるいは、わずかに霊山《りょうぜん》・補陀落《ふだらく》の霊地《れいち》をねがい、あるいは、ふたたび天上人間の小報をのぞむ。(聖典九一六頁)

とあります。

一番目が、

はるかに慈尊《じそん》の下生《げしょう》を期《ご》して、五十六億七千万歳のあかつきのそらをのぞみ、

です。この慈尊とは弥勒です。慈尊の慈は慈氏菩薩、弥勒を慈氏菩薩と言います。これを、慈尊を「期して」「のぞみ」という「要期する機」と言われます。これが一番目です。

それから二番目は、

あるいは、とおく後仏《ごぶつ》の出世をまちて、多生曠劫《たしょうこうごう》、流転生死《るてんしょうじ》のよるのくもにまどえり。

です。弥勒菩薩も後仏ですが、後の世に出る仏です。今の場合は、第一で弥勒をあげていますから、弥勒以外の後の世の仏です。そういう大聖の存在を求める。『安楽集』では、

大聖を去ること遙遠《ようおん》なるによる。（真聖全一、四一〇頁）

と言われていますが、仏在世の時代から遠くへだたった。大聖ましまさずということは、退屈にたえしめる存在がないということです。同時にそれは、判定、証明する者がいないということ、判定者不在ですから、行を立て功を積んでも、どこまで仏果に近づいているのか証明してくれる者がいない。その手さぐりということも、退屈を生み出す。ここには、そういう「大聖を去ること遙遠」という問題が押さえられているのです。

それからその次、三番目です。

あるいは、わずかに霊山《りょうぜん》・補陀落《ふだらく》の霊地《れいち》をねがい、

霊山は、霊鷲山で仏説法の場です。それから補陀落というのは、光明山とも言われ、インドの南方にあると言われていて、観音菩薩の住処です。この山は、八角形をしているそうです。その霊鷲山あるいは観音ましますと言われる補陀落、そういう霊地を願う。

それからその次、四番目は、

あるいは、ふたたび天上人間の小報をのぞむ。

これは人天を希求する。小報とありますのは、人天の善趣ですが、それはただ三悪趣に対して善趣であって、同じ三界のなかですから小報と言われる。この人天を希求するというのは何かと言いますと、順次生を期するということです。この一生はだめだから、次の生においてという、そういう生まれかわり死にか

わりしての歴劫迂回の永い修行を完成したい。

ですから、一番目と二番目は、大聖を去ること遙遠ということです。結局三番目は特に場を選ぶ、四番目は生まれかわり死にかわりしてということになるわけですが、この聖道門のなかに開かれる願生心、浄土というのは霊地です。霊地として浄土を求める。この世ではついに仏道を成就できない。ですから、死んだ後、命終の後に浄土に生まれて、そこで仏道を完成したいということ。ですから、三番目と四番目は同じことです。三番目は、場所によって押さえ、四番目は次の世においてというものです。

六　道場としての浄土を願う

『無量寿経』には、浄土における道場樹ということが説かれています。第二十八願が「道場樹の願」で、親鸞聖人は、「化身土巻」に方便化身土を明らかにされるのですが、第二十八願の「道場樹の願」とその成就文をもって方便化身土があげられています。

また『大経』に言《のたま》わく、また無量寿仏のその道場樹《どうじょうじゅ》は、高さ四百万里なり。その本《もと》、周囲五十由旬《ゆじゅん》なり。枝《し》葉《よう》四《よも》に布《し》きて二十万里なり。（「化身土巻」聖典三二七頁）

とあります。ここにある道場樹は、とてもひょろ長い樹です。高さが四百万里、幹の太さが五十由旬。一由旬が四十里ですから二千里になります。つまり、四百万里の高さを支える幹の太さが二千里なのです。そして、枝の広がりが二十万里。

講録には、おもしろいことが書いてあります。道場樹とは菩提樹です。仏がその樹のもとで成道された

菩提樹です。仏がそのもとに座しておられる樹です。『観無量寿経』の真身観を見てみますと、

仏身の高さ、六十万億《おく》那由他《なゆた》恒河沙《ごうがしゃ》由旬《ゆじゅん》なり。

（聖典一〇五頁）

とあります。これは、とてつもない高さです。わずか四百万里の樹の下に、六十万億恒河沙由旬の仏身が入れるわけがないというのです。できないことができているから不思議というと、このように解説されています。

もうひとつ会通されているのは、その四百万里という樹の高さは、仏のすわっておられる頭の上からの四百万里だという会通があります。それから、一里というのは三百歩です。この万里とは、六十万億那由他恒河沙由旬の仏のものすごく大きな一歩ですから、ものすごい長さがある。その三百歩一里とは、仏の足での三百歩で、四百万里といっても実はものすごい高さなのです。こういう会通の仕方がされています。いろいろそういうご苦労をいただいているわけです。

けれども問題は、親鸞聖人が、今ここに引かれている意味は、まさにその道場のほうです。浄土が、道場樹として求められているということです。端的には、浄土は道場だ。道場樹とは、ここに道場ありという象徴、シンボルです。ここに道場ありと天下に示しているのが道場樹ですから、四百万里というのを、藤元正樹君は遠くから見える距離、高さという言い方をします。

遠くに離れていても見える。あそこに道場ありということが見える。確かにそういう意味がそこに出てきます。しかし、その浄土を道場として見るということは、つまり言い換えますと、仏道を特別な道として立てるということです、この人生の外《そと》に道場をたてるわけですから。本来仏道とはこの人生そのものなのです。人生のほかに仏道があるのでなく、仏道はどこまでも、この人生そのものが道となる。

これはこの後に、世自在王仏との出遇いと、法蔵の願心の歩みが出てきますが、本願とは端的に言えば、法蔵菩薩がその仏のもとで聞法歓喜した。世自在王仏、この「世自在」という言葉が願心を端的に表している。つまり、私たちの現実は、世に在るとき自己を失う。あるいは、自己を捨てなければ、世に平穏にありえないわけです。

自分に立てば、世間を捨てなければならない。世間にあろうとすれば、自分をいつわらなければならないという苦悩を、絶えず感ずる。そこに、世にあって自在ならんと願う。この自在は、自由自在です。自由自在とは、何のさまたげも感じずに、思うとおり行えるという意味ですけれども、本来は「自らに在る」のです。自在とは自己本来にある。

自由ということも、「自らに由る」ということです。他に依らない、この由は依に対する。依は外のものによる。由は内なる必然による。つまり自由というのは、福沢諭吉が自由という訳文をつけたときも、そういう意味でつけている。自らに由っている。

ですからそういう意味では、願心とは言葉として言えば、世自在という、世と共なる自己の本来を回復する。世と共なる自己であって、世を離れた自己はありえない。にもかかわらず、世と自己と、思いがいつも対立する。その真に世と共なる自己の本来を回復する、それが浄土という問題です。西谷啓治先生は、国土、土という問題を「他者と共に自己が立ちあがる場だ」、こういう言い方をされました。

それから安田先生は、「浄土とは一切の存在を独立者たらしめる場だ」と。そして、真の独立者とは、すべての存在と平等に出遇える者だと言われます。真に独立していればこそ、すべての存在と平等に出遇えるのです。私たちは、真に独立できないでいますから、優越感と劣等感の間でゆらいでいるわけで、なかなか平等に出遇えるということはできない。おそれてみたり、いばってみたりするわけです。

そういうすべての存在を、独立者たらしめる場が浄土です。独立者となるとは、すべての存在と平等に出遇える者になる。このように、安田先生に教えていただいています。西谷先生は、他者と共に自己が立ちあがると言われます。これも本当に他者と共にとならなければ、自己はありえない。他者を排除した自己とは、思いでしかない。ですから、他者を排除して立てている我が、つまり邪見です、自己中心です。

自己中心ですから、他に対して他を排除する自己、それが邪見です。いちど邪見に立てば、必ずそれが憍慢の世界を開く。つまり他と比較する世界です。それは、他と対立し、他と比較して一喜一憂する世界です。それは必然的に悪衆生、この悪は、悪いことしたということでなくて、そのあり方が嫌悪すべきあり方をしている衆生です。人間としての本来を失っている。邪見、言葉を換えれば、自力に立てば必ずその自力に立って自分の夢を求める、自分の向上を求める、これが憍慢です。そういう向上の歩み、自我中心の向上の歩み、向上を夢見る歩みが悪衆生。人間の本来を失わせている、自他共に人間としてのあり方を失っている。

蓮如上人が非常に尊ばれた『安心決定鈔』に、

しらざるときのいのちも、阿弥陀《あみだ》の御いのちなりけれども、いとけなきときはしらず、すこしこざかしく自力になりて、「わがいのち」とおもいたらんおり、善知識「もとの阿弥陀《あみだ》のいのちへ帰せよ」とおしうるをききて、帰命《きみょう》無量《むりょう》寿覚《じゅかく》しつれば、「わがいのちすなわち無量寿なり」と信ずるなり。かくのごとく帰命《きみょう》するを、正念《しょうねん》をう、とは釈するなり。

（聖典九五九頁）

と言われています。

「しらざるときのいのちも、阿弥陀の御いのちなりけれども」、そのことを自覚していないということです。「いとけなきときはしらず」、幼く無邪気であったときは知る必要もなかった。ところが、「すこしこざかしく自力になりて、「わがいのち」とおもいたらんおり」、すこしこざかしく自力になって、わがいのちと思う、これが邪見です。いちど邪見におちいると、それは必ず憍慢・悪衆生となる。それを「善知識「もとの阿弥陀のいのちへ帰せよ」とおしうるをききて、帰命無量寿覚しつれば、「わがいのちすなわち無量寿なり」と信ずるなり。かくのごとく帰命するを、正念をう、とは釈するなり」と。

その「わがいのちとおもう」という、それに対して今、まず具体的には無量寿に帰せよという、もとの阿弥陀のいのちに帰せよというように、どこまでも世に在って人びとと共にというのが仏道の本来です。それなのに、浄土を特別な道として立てるというところに、この道場樹ということがある。そこでは人生を生きるということと、信ずるということとが別になっている。そこに、化土である世界が押さえられている。

先の『唯信鈔』にある、人間の四つの機類の三番目と四番目も同じようなものです。それはそういう場を選ぶ。この世に在っては、仏道は成就しがたい。だからこの世の命を終わって、死後、浄土に生まれて浄土において仏道を完成したい。つまり、仏道が大きく増進される世界として浄土を願う。そういうことを結果するのが聖道門です。そういう四つのあり方をとおして、聖道門の現実を聖覚法印は押さえていかれる。それによって、さらに現身という問題を提起しておられるのです。

七　大聖を去ること遙遠

それ、生死《しょうじ》をはなれ、仏道《ぶつどう》をならんとおもわんに、ふたつのみちあるべし。ひとつには聖道門《しょうどうもん》、ふたつには浄土門《じょうどもん》なり。聖道門というは、この娑婆《しゃば》世界にありて、行《ぎょう》をたて功《こう》をつみて今生《こんじょう》に証《しょう》をとらんとはげむなり。いわゆる、真言《しんごん》をおこなうともがらは、即身《そくしん》に大覚《だいかく》のくらいにのぼらんとおもい、法華《ほっけ》をつとむるたぐいは、今生に六根の証《しょう》をえんとねがうなり。まことに教《きょう》の本意《ほんい》、しるべけれども、末法《まっぽう》にいたり濁世《じょくせ》におよびぬれば、現身《げんしん》にさとりをうること、億億《おくおく》の人の中に一人《いちにん》もありがたし。これによりて、いまのよにこの門をつとむる人は、即身《そくしん》の証《しょう》においては、みずから退屈《たいくつ》のこころをおこして、あるいは、はるかに慈尊《じそん》の下生《げしょう》を期して、五十六億七千万歳のあかつきのそらをのぞみ、あるいは、とおく後仏《ごぶつ》の出世をまちて、多生曠劫《たしょうこうごう》、流転生死《るてんしょうじ》のよるのくもにまどえり。あるいは、わずかに霊山《りょうぜん》・補陀落《ふだらく》の霊地《れいち》をねがい、あるいは、ふたたび天上人間の小報をのぞむ。結縁《けちえん》まことにとうとむべけれども、速証《そくしょう》すでにむなしきににたり。ねがうところ、なおこれ三界《さんがい》のうち、のぞむところ、また輪回《りんね》の報なり。なにのゆえか、そこばくの行業慧解《ぎょうごうえげ》をめぐらして、この小報をのぞまんや。まことにこれ大聖《だいしょう》をさることとおきにより、理《り》ふかく、さとりすくなきがいたすところか。

（『唯信鈔』聖典九一六頁）

聖道門について、これだけの言葉で聖覚法印は押さえておられます。そこに四つの機類があげられています。第一は、慈尊の下生を期し、弥勒の下生を期する機類。第二は、後仏の出世を待つ機類。第三は、霊山・補陀洛の霊地を願う、釈尊説法の霊鷲山と観音菩薩のまします補陀落を願う機類。第四は、ふたたび天上人間の小報をのぞむ機類。この四つの機類をあげられていたわけです。

その第一と第二を受けて、

結縁《けちえん》まことにとうとむべけれども、速証《そくしょう》すでにむなしきににたり。（聖典九一六頁）

という言葉で押さえられている。それから第三と第四を受けて、

ねがうところ、なおこれ三界《さんがい》のうち、のぞむところ、また輪回《りんね》の報なり。なにのゆえか、そこばくの行業慧解《ぎょうごうえげ》をめぐらして、この小報をのぞまんや。（聖典九一六頁）

こう押さえられています。そして聖道門の全体を、

まことにこれ大聖《だいしょう》をさることとおきにより、理《り》ふかく、さとりすくなきがいたすところか。（聖典九一六頁）

と、『安楽集』の言葉をそこにあげて、「大聖を去ること遙遠《ようおん》」（真聖全一、四一〇頁）、それから「理深く解微なる」と言われているのです。この言葉をもって聖道門の全体が押さえられている。

そこに「結縁まことにとうとむべけれども」、言い換えると教法、教理としてはまことに尊いということ、教理としてはまことに尊いけれども、「速証すでにむなしきににたり」。速証の「速」という言葉が、いわゆる浄土門仏教において基本の課題です。

天親菩薩はこの「速」という言葉を大切にされ、それから龍樹菩薩は「疾」、疾くという言葉であげられています。その二つを受けて、親鸞聖人は「速疾」と言われています。

龍樹菩薩の『十住毘婆沙論』には、

（易行品）また曰《い》わく、仏法に無量の門あり。世間の道に難あり、易あり。陸道《ろくどう》の歩行《ぶぎょう》はすなわち苦しく、水道の乗船はすなわち楽しきがごとし。菩薩《ぼさつ》の道もまたかくのごとし。あるいは勤行《ごんぎょう》精進《しょうじん》のものあり、あるいは信方便の易行《いぎょう》をもって疾《と》く阿惟越致《あゆいおっち》に至る者あり。乃至　もし人《ひと》疾《と》く不退転地《ふたいてんじ》に至らんと欲《おも》わば、恭敬心《くぎょうしん》をもって執持《しゅうじ》して名号《みょうごう》を称すべし。

（「行巻」聖典一六五頁）

とあります。ですから疾くということは、この身においてということです。時間的に比較してより速いという言い方ではなくて、この身において成就するかどうか。難行道では、時間的に十年かかるのが、信方便の易行では一年ですむと、そういうのが疾くではありません。たとえ一年になろうと、臨終の悪人には無限の長さです。不可能の長さです。ですから疾とは、今ここにあるこの身において、つまり『唯信鈔』の言葉では現身においてということです。この現身においていう、もともと現にあるのが身です。そこに先ほどちょっとふれました、第三十五願です。

親鸞聖人にあっては、第三十五願は、本願成就の文として読まれています。その第三十五願には、

たとい我、仏を得んに、十方無量不可思議の諸仏世界に、それ女人《にょにん》あって、我が名字《みょうじ》を聞きて、歓《かん》喜信楽《ぎしんぎょう》し、菩提心《ぼだいしん》を発《おこ》して、女身《にょしん》を厭悪《えんお》せん。寿《いのち》終わりての後、また女像《にょぞう》とならば、正覚《しょうがく》を取らじ。

（『無量寿経』聖典二一～二二頁）

と説かれています。

「それ女人あって（其有女人）」ということは、「それ」というのは、注意を呼びさます言葉ですし、本願文のなかでここにしかありません。現身の問題として、女人という存在が聖道自力の歩みを根本から問いなおしている。仏道の全体を問いかえす存在として、女人ありということがある。それが「それ女人あ

って」という言葉の意味です。

これは、親鸞聖人の生涯のうえでは、赤山明神での伝説です。比叡山で修行しておられたとき、たまたま京都に下りられ用事をすませ、山に帰るときに、赤山明神のところでひとりの女性に出遇われた。そして、「自分も修行して仏道を求めたい。だから一緒に山につれていってほしい」と頼まれたのです。それに対して、「山は女人禁制だからつれていけない」と親鸞聖人はことわられた。ここに、「仏道を求めている女人を締め出すような大乗とはいったい何か」という女性からの問いかえしがあるのです。

いかに山に与えられている水が清浄な水であっても、それが山だけしかうるおさないのなら、何の意味があるのか。山を下って、さらに広い世の中をうるおしてこそ、その清浄なる水というものに意味がある。自分のところだけをうるおして、満足しているようなものに、何の意味があるのか。そういう問いを親鸞聖人にぶつけたという伝説が残されています。史実的には事実であるかどうかはわかりませんが、しかし問題として、親鸞聖人はそういう問題をになっておられるわけです。

そして山を下りられる。つまり聖道門をすてられる、その転機のところで聞きとられた夢告が、いわゆる「女犯偈」です。そういう「女犯偈」が、聖道門をすてしめ、浄土に入る大きな展開のきっかけになっている。そしてさらに、親鸞聖人は、妻帯という歩みをたどられるわけです。

そのように、女人という存在が、仏道を根底から問いかえすものと言ってもいいのです。それまでの聖道門、自力の道は、女人を結界の外に締め出すことでたもたれてきた。女人を禁制にする形で、自らの清浄性をたもってきた。そのように、女人という存在をまったく無視してきたということがそこにある。ある意味で、そういう仏道の問題、出家修道の道としての仏道が根本から問いかえされる響きが、「それ女人あって（其有女人）」という言葉にはこめられているように思われます。つまり無視できない存在として、女人という存在をあらためて受け止めることが求められているのです。

八　現身のさとりを求める

韋提希夫人を対告衆とする『観無量寿経』においては、その韋提希の前に仏陀があらわれる。そこのところでは、

時に韋提希《いだいけ》、礼し已《おわ》りて頭《こうべ》を挙げて、世尊釈迦牟尼仏《しゃかむにぶつ》を見たてまつる。（聖典九二頁）

と、「世尊釈迦牟尼仏」という名で韋提希の前に降臨されています。この名のりは、釈尊の生涯を表す名です。このように、釈迦牟尼仏という名で、経典のなかに出てくるというのは非常にめずらしいことです。この「世尊釈迦牟尼仏」というのは、あえて言えば、釈迦族の王子として生まれ、いろいろと悩みを持ちながら、世の流れにしたがって妻帯し子をなし、そして後に出家する。そして山に入って求道し、山をすてて菩提樹のもとで、寂滅の法を成就された、つまり成道されます。そして、それから後、五十年のあいだ転法輪の歴史を歩まれる。仏と言われるときは、ただ、さとったというだけではないのです。善導大師が言われるように、自覚覚他・覚行窮満なる存在を仏と言うわけですから、自覚だけではなく、覚他という、他をして目覚ましめるというはたらきがなければ仏とは言えません。阿羅漢では仏とは言えない。自覚のみならば阿羅漢です。ですから、仏と言うときには、五十年間の説法の歴史が必要になるのです。そして、その説法によって生み出されたのが僧伽です。その僧伽における名が世尊なのです。世尊というのは、世

にあって最も尊き者として尊ばれている名です。

ですから、この「世尊釈迦牟尼仏」という名のりは、釈尊の全生涯、つまり全存在を表す名なのです。釈尊が韋提希の前にあらわれられたのですが、そのときには、仏としての存在のすべて、仏陀としての歴史のすべてをかけて前に立たれたのです。

そして、そこで釈尊をして沈黙せしめた。つまり言葉を奪い取られるほどの、そういう重い存在として韋提希が説かれている。第三十五願をもういちど見てみますと、

たとい我、仏を得んに、十方無量不可思議の諸仏世界に、それ女人《にょにん》あって、我が名字《みょうじ》を聞きて、歓《かん》喜信楽《ぎしんぎょう》し、菩提心《ぼだいしん》を発《おこ》して、女身《にょしん》を厭悪《えんお》せん。寿《いのち》終わりての後、また女像《にょぞう》とならば、正覚《しょうがく》を取らじ。

（『無量寿経』聖典二一～二二頁）

とあります。

最初に、「それ女人あって（其有女人）」とあって、次に「女身を厭悪せん（厭悪女身）」と言われ、そして「また女像とならば（復為女像者）」と言われています。「其有女人」が「厭悪女身」となり「復為女像」となっています。「女人」が「女身」と言い換えられますが、「女身」の身というのは、端的に言えば肉体です。その人間における肉体性というものを最も深く生きる名が女でしょう。

あえて言えば、人間における精神性を生きる名が男です。私たちは、肉体性より精神性のほうが高尚であるという価値判断を持ってはいないでしょうか。それはあくまで私たちの分別です。人間はまさしく、魂魄《こんぱく》あいまって人間たりうる。魂は精神性、魄は肉体性です。そのどちらが欠けても、人間として存在しえない。

聖道自力の道とは、人間から聖に至るという、進歩向上の道です。そして、最も自在なあり方を求めて、肉体を精神化することを目指していくわけです。いわゆる仏の三十二相・八十随形好とは、そういう精神化された肉体の姿を表すのでしょう。ところが、肉体を精神化したその精神は、あらためて肉体を持たなければ具体性を失う。そこで、精神が肉体をもった名が菩薩なのです。

曽我量深先生は、「仏が菩薩になりあがる」という言い方をされています。菩薩というと、仏よりひとつ下の位だと思っていますが、そうではないということです。菩薩という概念は広いわけですが、特に還相の菩薩です。つまり仏と衆生がまじわるときに、仏も衆生も菩薩となる。仏と衆生が出遇うとき、仏も衆生も菩薩となる。衆生における菩薩は、因位の菩薩です。仏が衆生において菩薩となる。これが果成の菩薩、つまり還相の菩薩です。

仏徳をその身において歩む者、菩薩とならない仏は、単なる平面的な存在にすぎません。単にさとっているというだけの仏ならば、平面的な存在、つまり具体性を持たない。具体性を持つというときには、その精神が肉体を持つのです。

その肉体という問題をふくんで、聖覚法印は「現身」と言っておられます。「現」というのは、「いま、ここに、こういう者として」という限定を持つわけです。そこを一歩も動くことができない存在が、「現身」です。

心のほうは、どこにでもふらふら動いていくことができる。ところが、身は一歩も動くことができない。現にというところで、いまここに、こういう者としてあるという事実を一歩も動かない。そのように、「現身」というのは、いまここに、こういう者としてという、個別性を離れることはできないのです。

『無量寿経』に、

人、世間の愛欲の中にありて、独《ひと》り生じ独り死し独り去り独り来《きた》りて、行《ぎょう》に当《あた》り苦楽《くらく》の地に至り趣《おもむ》く。身《み》、自《みずか》らこれを当《う》くるに、有《たれ》も代《か》わる者なし。（聖典六〇頁）

とあります、これが肉体性です。「独り生じ独り死し独り去り独り来り」と言われます、私のいのちの事実は、私の体で生きるしかないのです。誰にも代わって受けてもらうわけにはいかない。「身、自らこれを当く」、その意味で徹底して個別的なものなのです。そして同時に、その肉体を持っているがゆえに、老病死あるいは生という問題をまぬがれない。

それからもうひとつ、肉体というところには、「衣食支身命」ということがあります。蓮如上人の『帖外御文』に、

衣食支身命とて、くうこととききることとの二つかけぬれば、身命やすからずしてかなしきことかぎりなし。（真聖全五、三三四頁）

とあります。肉体を持っているかぎりは、衣食しなければならない。食べて着なければならないという問題があります。そしてその衣食するところに、人間の悲しみが生まれる。ただ欠けているときだけ悲しいわけではない。それを維持していくことにも、いろいろと悲しい思い、悔しい思い、辛い思いを重ねていかなければなりません。食べず着ずにすごせるのなら、もっと純粋に生きられるかもしれません。しかし、やはり衣食しなければなりませんから、妥協を余儀なくされる。そこに、生きてあることの悲しみというものがあるわけです。

生老病死で言えば、納得を超えてある私が、納得するしないという線を越えて、肉体の事実として老病

死あるいは生という問題がおこる。そのところに、私たちのいのちが私の思いよりも深い事実を生きているということがあらわれている。人間のいのちは、私の納得するしないという線を越えて、因縁のままに生きている。ですから、肉体というところに、個人性を超えるということがある。

思いというのは、どれだけ広い思い、広い世界を内容とし、全人類を内容とするような精神であっても、その思っている対象が広いからといって、その心が広いかというとそうはいかない。精神がどれだけ広がっても、やはりその人の心であって、しかもその場合に、自分の感覚とか自分の才能、自分の実践ということが支えになっている。自負されていく。精神を広げようとするとき、実践がたりなくて壁になるわけではなくて、実践が壁になって広がることをさまたげるのです。ですから、肉体の事実に帰るところに、個人の思いを超えたいのちの事実に立ち返らされるということがある。自分の肉体を忘れるときには、必ず自分の思いの世界に閉じこもってしまうのです。そこに思いを超えたいのちの深さがある。

同時に、思いをもって覆いかくすことのできない悲しみ、存在の悲しみというものを、肉体ということがもたらす。その肉体のもたらす悲しみをなくすために、今日の文明、特に中心である科学技術は、徹底して肉体性を克服していこうとしているのです。

科学技術は、肉体を持っていることの悲しみというものを、感覚するものを失っている。いわゆる臓器移植の問題もそうです。これはある意味で老病死です。今日、臓器移植をとおして長生不死ということが可能になっている。臓器移植を繰り返していくわけです。赤ん坊の細胞を商品化しているそうです。赤ん坊の細胞は若くて成長する力を持っています。ですから、それを移植しようとするのでしょう。

それから、結婚してもすぐに子どもを持たず、精子と卵子を取りだして冷凍保存しておき、しばらくして生活が安定してから、保存してあった受精卵を取りだして、子どもを産むということも研究されているそうです。

何かそういう形で、いのちを思いのままに自由にできるものとしてあつかっている。そこには、生きてあることの悲しみという、根源的な感覚がまったく欠如して失われている。そういう感覚を欠如したところには、そのいのちに対する畏敬の念も当然失われてしまうのです。その畏敬の念というのは、龍樹菩薩の言葉で言えば、恭敬の心です。そういう恭敬の心を失うというのは、まさしく邪見憍慢です。そして、その邪見憍慢において結果するのが悪衆生です。ですから、あらためて肉体性という問題を、もういちど正面から問題にしなくてはならないと思います。

九　肉体的事実によって開かれる世界

『末燈鈔』には、

故法然聖人は、「浄土宗のひとは愚者になりて往生す」と候いしことを、たしかにうけたまわり候いしうえに、（中略）ふみざたして、さかさかしきひとのまいりたるをば、往生はいかがあらんずらんと、たしかにうけたまわりき。（聖典六〇三頁）

と言われています。

ここで言われる「愚者」というのは、まさにその肉体の事実に頭が下がった者なのです。「愚者」について、曽我量深先生は、「現実に頭が下がった者」とこう押さえておられます。曽我先生が言われる「現実」というのは、私の絶望以上の現実です。私がどれほど絶望したとしても、それで変わることのない現実。そういう現実に頭が下がる。徹底して、自分の思いを捨てしめられた者の名が愚者なのです。その愚者になるところに、はじめて往生ということがある。その往生は、一口で言えば個人性を超える。さかさかしき智者、現代の文明のあり方は智者の文明ですが、それはけっして個人性を超えるということはないのです。

現代の人間が発達すればするほど、人間がバラバラになってしまう。ですから、最も個別なるものである肉体の事実に帰らなければならないのです。そうすれば個別性が破られる。これは非常に矛盾した言い方のようですが、本当の我が身の問題は一切衆生の問題である。自分の思いの問題は、どこまでも孤立的なものです。そこに老病死というのがおこる。ところがその体験は、私を超えて皆が同じくしている。まだ老いていなくても、老いるべき生命を生きているという体験がある。ですから老いというものは、けっして人ごとには感じられない。若いときに老人に嫌悪感をおぼえるというのは、自分自身が老いる身だということを知っているからです。そのように、我が身の事実は、実は人間が等しくかかえている問題なのです。ですから真の個人とは、そういう人間の問題をになうところにある。

人間の問題を、人びとと共に悩むということが成り立つのは、実は肉体的事実によって開かれる世界があるからです。その存在の肉体性を最も端的に生きているあり方として女身がある。第三十五願では、

それ女人《にょにん》あって、我が名字《みょうじ》を聞きて、歓喜信楽《かんぎしんぎょう》し、菩提心《ぼだいしん》を発《おこ》して、女身《にょしん》を厭悪《えんお》せん。寿《いのち》終わりての後、また女像《にょぞう》とならば、正覚《しょうがく》を取らじ。

（『無量寿経』聖典二一～二二頁）

と、その「女身を厭悪」すると言われます。この女身を厭悪するというのは、単純に女を厭って男になる

ことを願うというものではありません。「我が名字を聞きて、歓喜信楽し、菩提心を発して、女身を厭悪せん」と言われるのですから、これは、聞法歓喜をとおした厭悪女身です。

つまり、捨穢欣浄の歩みでなく、欣浄厭穢の厭悪です。親鸞聖人が捨穢欣浄は自力、欣浄厭穢は他力と見分けていかれますけれども、捨穢欣浄というときには、浄土は理想郷であり、この穢土を捨ててその理想の浄土を追い求めるという歩みになる。欣浄厭穢は、浄土に目覚めた、その浄土が根拠となって厭悪の歩みを展開していく。その場合、厭穢は捨てることでなく「痛焼厭穢」。そのことを悲しみ痛むという、真に存在を痛む。その痛焼だけがこの人間をつつむ。和田稠先生は、「痛焼のない教学は教理だ」と教えてくださっています。現実を痛み、現実をそれこそ焼かれるごとく痛む。そういう現実に対する痛焼のない教学は、たんなる教理だと言われます。

『無量寿経』に、

今我《われ》この世間において仏に作《な》りて、五悪・五痛《つう》・五焼《しょう》の中に処《しょ》すること最も劇苦《ぎゃっく》なりとす。

（聖典六六頁）

とあります。ここでは、五悪・五痛・五焼という言葉で、穢土の相が押さえられています。そのことを最も苦悩する、劇苦する者は仏です。苦悩の凡夫というけれども、実は凡夫は苦悩せざる者です。真に苦悩すべきことを苦悩しないのが凡夫です。ですから、いわば私に先立って私の現実を苦悩してくださっているのが仏です。その仏法にふれてはじめて、身を苦悩するということがおこる。その身を痛焼するという心だけが、人間として生きるということを、私のうえに開いてくる。ですから、女身とは、その意味で等しく人間として生きてあることを痛焼する名なのです。まさしく、何かそういう事実に生きるところに、すべての存在をつつむようなやさしさがある。

その意味で、肉体を持った存在を厭悪するというのは、実は真にそれを自らの人生の内容としてになうということなのです。捨てるのではなく、問題としてになうということがある。ですから欣浄厭穢とは、浄土に支えられた現実を生きる。真に現実を深く生きる者。その現実を歩ましめる根拠が浄土です。浄土は、到達点ではなく、浄土からはじまるのです。

ですから、第三十五願では最後に、

寿《いのち》終わりて後、また女像《にょぞう》とならば、正覚《しょうがく》を取らじ。（聖典二一～二二頁）

とあり、「女像」というのは、これはひとつの思いで捉えられた名です。

「像」とは、分別をもってこの思い、想が像を捉える。想は『成唯識論』に、「境に於て像を取るを以って性と為し」（『選註成唯識論』四六頁）とあるように、想というものは、取像を性とする。そういう像を取るイメージを持つところに、その本質がある。ですから、その思いをもって捉えられる。それはもっと直接的に言えば、やはり男に対する女でしょう。

女像というのは、女身としての人間というよりも、人間という根底を奪いとられた、単なるイメージとしての姿です。性差別の対象となるのは、この女像です。女像とは、「女たるものは云々」と語られるようなものがすべて女像です。それは文字通り差別されたあり方です。

ですから、最も教法を根底において問いかえす存在、言い換えれば最もその観念によってまどわされない存在が女身です。それが徹底して教法の観念性を問いかえす。その女身のうえに願が成就するというところに、本願成就の真の面目があるのです。

そういう展開がそこにたどられる。聖覚法印は「現身」と問い、そして浄土門仏教が一貫して「身」ということを問うている。七高僧を通じて、常にその教法を問う視座は身におかれている。浄土門を開いてくるものが、実はそういう身の自覚なのです。それは歴劫迂回の理想主義、向上の歩みを否定する存在なのです。否定するものとして、身という問題がある。『唯信鈔』においても、聖覚法印がそこに末法濁世の現身という言葉で押さえられる意味があるかと思います。そういうことをとおして、浄土門が開かれてくる展開になっているかと思います。

二、浄土門を開く

一　聖道の諸教は行証久しく廃れ

聖覚法印は、『唯信鈔』の最初に、聖道門と浄土門の二門を分けられ、その聖道門について、四つの機類をあげられて、最後に、

大聖《だいしょう》をさることとおきにより、理《り》ふかく、さとりすくなきがいたすところか。

（聖典九一六頁）

と結ばれています。これは道綽禅師の『安楽集』の言葉です。

「大聖を去ること遙遠」、遙かに遠いとは、つづまるところ、現に仏ましまさぬということを意味します。仏ましまさぬとは、仏法の生きた証がないことを意味する。ですから、「大聖をさることとおき」とは、仏法が生きた教えというよりも、単なる教理となっていたということを意味します。その仏法が、単なる教理となっていることから、仏法を救う存在が「大聖」です。私たちにおきましては、よき人、諸仏です。

私たちが師を持つ、先生に遇ったということは、その学びを、教理の学びから教法の学びへと呼びかえしてくださるということがある。仏法が教理となるとき、仏法は単なる学問沙汰になり、その実践性が奪われていく。言い換えると、仏法が形骸化していく。

ですから、この「理ふかく、さとりすくなき」という言葉は、いうならば仏法の真理性はわかるけれど

も、それが力にならない、現実の力となってこないということです。深いひとつの真理が、教えられているとわかっても、そのことが感じられても、そのことが現実を生きる力になってこない。

親鸞聖人が『教行信証』の「後序」において、

竊《ひそ》かに以《おもん》みれば、聖道《しょうどう》の諸教は行証《ぎょうしょう》久しく廃《すた》れ、浄土《じょうど》の真宗は証道いま盛《さかり》なり。しかるに諸寺の釈門、教《きょう》に昏《くら》くして真仮《しんけ》の門戸《もんこ》を知らず、（聖典三九八頁）

と言われています。

「教に昏くして真仮の門戸を知らず」というのは、実践性を知らないということです。真仮を知るということは、仏教の歩みです。その仏教が現実に歩み出る、そして現実のこととして仏法を具体化していく。そういう仏法の実践性が忘れられている。

ただ、その真理性のみが主張され、自らをその真理の側において、他を切り捨てていくという、そういう姿がそこに批判されている。真理の側に自らをおくということは、いわゆる実践の学びがないということ。現実にはたらくときには、必ずそこに虚仮なるものを知るということがおこる。けっして、自らを真理の側に立てて、それでよしとすることができない。ですから、親鸞聖人にとって教えとは、そういう意味で教理ではなくて、どこまでも真仮の歩みなのです。いうならば、そのはたらく力です。

真実教をあきらかにされた「教巻」において、親鸞聖人はまったく教理にはふれられていないのです。真実の教をあきらかにする巻ですから、何か教理が展開されているかと思うと、それがまったく出されていない。出されているのは、『無量寿経』の発起序の一段だけです。その発起序は、阿難がはじめて仏陀に遇ったところです。仏陀に仏陀として遇った。単なる偉大な人というのではなくて、仏陀に仏陀として遇った。つまり、阿難をして仏陀に遇わしめた力が教なのです。親鸞聖人にとって教とは、そういう阿難をして仏陀に遇わしめた力であって、単なる教理ではないのです。

「教巻」では、まず最初に、

それ、真実の教を顕《きょうあらわ》さば、すなわち『大無量寿経《だいむりょうじゅきょう》』これなり。（聖典一五二頁）

と押さえられ、そしてその『無量寿経』の大意を、

この経の大意は、弥陀《みだ》、誓《ちか》いを超発《ちょうほつ》して、広く法蔵を開きて、凡小《ぼんしょう》を哀《あわ》れみて、選びて功徳の宝を施《せ》することをいたす。釈迦《しゃか》、世に出興《しゅっこう》して、道教を光闡《こうせん》して、群萌《ぐんもう》を拯《すく》い、恵《めぐ》むに真実の利をもってせんと欲《おぼ》してなり。（聖典一五二頁）

と言われています。「凡小」に功徳の宝を施し、「群萌」に真実の利を恵むものが教です。ですから親鸞聖人は、真実の教を単に真理性において捉えず、その力として教が受け止められている。

凡小について、安田理深先生が、「いじけた存在」という言い方をしておられます。いじけた存在とは、一番愛情に飢えている存在です。愛情を求めている存在ですが、そのくせ示された愛情に素直になれないのがいじけた存在です。求めていながら受けいれない、素直になれない。そこまで疑い深くいじけてしまっている。その意味では、いじけた存在に心を通じようとしたら、これは全存在をかけなければならない。

本当にかかわってくれている、本当にそのことが領けなければ、受けいれられないのが凡小です。本当に全存在をかけて、かかわってくれているということがわかったときに、はじめて心が開かれる。つまり、片手間ではあつかえない存在が凡小。ある意味で、そのいじけた存在ほど、本物かごまかしかを感覚する、最も鋭敏な存在です。

だからこそ、仏法が全存在をかけてかかわる。それが願です。つまり本願は、できるできないを超えて、おこされた叫びです。叫ばずにいられない。そういう叫びでなければ、頷けない者が凡小です。

また「群萌」と言われます。「萌」は、たくさん種をまいて種から双葉が出たときに、たくさん群がり出る。そういう形を表す字です。ですから群萌というのは、多くの人びと、群衆という意味だと、普通言われていますが、厳密には、「萌」というのは、「種子未だ剖《ふ》せざるの相」（道隠『仏説無量寿経甄解』）ということで、つまりまだ種のからをかぶっている状態、双葉に分かれないで、ひとつに合わさっている状態のことをいうのです。ですから「群萌」というのは、やはり覆われてある、無明なる存在ということがかたどられている言葉です。

しかもこの無明、これは一般の仏教の理解で言えば、道理に目覚めない、道理を知らないことと言われます。しかし、親鸞聖人においては、特に不了仏智、仏智を了らずということです。その不了仏智から言いますと、この無明なる存在は何もわからない存在ではない、わかっているとしている存在。仏智をさとらない最大のものは、わかっているという理知です。そのわかっているとしていることが一番くらい。つまり新たに感じとり、新たに知るということを失っている。つまり、自らの了解においてかたくなである。そのかたくなさが無明なのです。

ですから、真仏弟子釈のところで、

『大本《だいほん》』に言《のたま》わく、設《たと》い我《われ》仏を得たらんに、十方無量《じっぽうむりょう》・不可思議の諸仏世界の衆生《しゅじょう》の類、我《わ》が光明を蒙《こうぶ》りてその身に触《ふ》るる者、身心柔軟《しんじんにゅうなん》にして人天《にんでん》に超過《ちょうか》せん。もし爾《しか》らずは、正覚《しょうがく》を取らじ、と。

（「信巻」聖典二四五頁）

と言うように、触光柔軟の願をあげておられるのです。

道元禅師は、「仏道をならうというは自己をならうなり」（『正法眼蔵』）と言われます。そこに、生半可にわかっている者は、全部わかっていると思っている。それに対して、本当に道理に目覚めた者は、「一方は足らずとおぼゆるなり」という言い方をしておられます。

曇鸞大師の言葉で言えば、「未証浄心」（「証巻」聖典二八五頁）、未だ証《さと》らずということの自覚を持った者です。本当に仏法に目覚めた者は、必ず一方は足らずとおぼゆる者なのです。

ですから、私たちがその仏法の智慧をいただくということは、何でもわかってしまうということではない。生きているかぎり、常に新たなる問いを持つ。聞いて問いがなくなることはない。ただどういうことがらに出遇っても、そこに学んでいけるという眼をたまわる。ある意味で言えば、こういう大地の会を生み出している力が智慧です。そこに自分たちをここに集まらせているものに出遇っていく。ここで新しいものを学ぶのではない。大地の会なら大地の会という、そういう場を開いているもの、その本来の根本に出遇う。私が私になろうとすれば私自身を超えたものに触れなければならない。言い換えると、私が破られなければならない。私に固執しているところでは、私はわからないのです。

そういう意味を道元禅師は、「仏道をならうというは、自己をならう」ことであると言われる。さらに、「自己をならうというは、自己を忘るるなり」と言われます。自己を学ぶということは、自己を忘れるという、そういうように自分が破られていくことなのです。自分が破られるということなしに、自己がわかるということはない。

ですからそのことを言い換えると、自分において人間を問うということ、自己の身において人間であることを問うていく。ですからその意味で、最も深く、自己が自己に帰るときに、それこそ衆生としての我に出遇う。つまり、自分を離れて人間の問題はない、同時に人間の問題を離れて自己はない。

自己と言いますが、自分が意識している自分というのは、必ずしも本当の自分の姿ではないのです。だいたいうぬぼれと言いますか、まず自分の意識している自分というのは、どこか足が宙に浮いている。ですから、自分のことは自分が一番よく知っているということはけっしてない。かえって人に見られている私のほうが、具体的だということがあります。自意識で捉えている自己よりも、人が受け止めている自己のほうが、具体的であり真実に近い場合が多い。

それからもうひとつ、他己という、他者として見いだした自己ということがある。つまり自己の内容として見いだした他者です。他を自己として見いだす。十方衆生を、自己として見いだしたのが阿弥陀仏。阿弥陀仏にとって十方衆生は、単なる他者ではない他己です。ですから、十方衆生が救われないかぎり、我また仏にならずと言われる。

二　十方衆生を自己として見いだす

このように、十方衆生を自己として見いだすという姿勢は、『無量寿経』「発起序」の阿難の問いのうちにも見ることができます。

阿難の問いを受けて釈尊は、

善きかなや。阿難《あなん》。問いたてまつるところ、甚《はなは》だ快し。深き智慧《ちえ》・真妙《しんみょう》の弁才《べんざい》を発《おこ》して衆生を愍念《みんねん》

してこの慧義《えぎ》を問えり。（聖典八頁）

とほめておられます。ここにある「衆生を愍念して」と言われるのが、衆生を自己として見いだしたということで、それを釈尊がほめられているわけです。

『無量寿経』の「発起序」は、阿難の問いで貫かれています。その阿難の問いを見てみますと、

尊者《そんじゃ》阿《あ》難《なん》、仏の聖旨《しょうし》を承《う》けてすなわち座より起《た》ち、偏《ひと》えに右の肩を袒《かたぬ》ぎ、長跪合掌《ちょうきがっしょう》して仏に白《もう》して言《もう》さく、（聖典七頁）

と、仏の聖旨を承けて、起ちあがって問うたとあります。その次の問いは、

阿難、仏に白《もう》さく、「諸天の来りて我《われ》に教うる者、あることなし。自《みずか》ら所見をもってこの義《ぎ》を問いたてまつるのみ」と。（聖典七頁）

とあります。このとき阿難は、誰に教えられることもなく、自らの所見をもっての問いだと言われています。諸天によって教えられた問いではなく、自分が見た事実によって問うているということです。

その阿難の自らの所見をもっての問いを受けて、釈尊が、

善きかなや。阿難《あなん》。問いたてまつるところ、甚《はなは》だ快し。深き智慧《ちえ》・真妙《しんみょう》の弁才《べんざい》を発《おこ》して衆生を愍念《みんねん》してこの慧義《えぎ》を問えり。（聖典八頁）

とほめておられるのです。

阿難の最初の問いは、仏の聖旨を承けての問いですから、これは「自ら所見をもって（自以所見）」とは言えません。それに対して、次の問いは、あくまで阿難が自分で見た事実によって問うている、つまり「自ら所見をもって（自以所見）」の問いだったのです。そこには、深い意味がこめられていると思います。

阿難が、自分自身の問いをおこしたのですが、それこそが「衆生を愍念して（愍念衆生）」の問いであると言われるのです。これは自分自身の問いを問うということと、それとは別にまた衆生を愍念して問いをおこすということではありません。「自以所見」でおこしている問いが、そのまま「愍念衆生」の意義を持つということなのです。つまり、そこにおこされた阿難の宗教意識が、衆生をもって自らとなすというものなのです。このように、宗教的な救いとは、衆生をもって自己となすような自己が生まれることであって、苦悩がなくなるということではない。苦悩において、衆生の苦悩をになう者となることなのです。

そのような、阿難の問いの意義を見いだされた釈尊が、

> 善きかなや。阿難《あなん》。問いたてまつるところ、甚《はなは》だ快し。深き智慧《ちえ》・真妙《しんみょう》の弁才《べんざい》を発《おこ》して衆生を愍念《みんねん》してこの慧義《えぎ》を問えり。（聖典八頁）

とほめられたのです。

これと同じことが、阿闍世の回心にも見られます。地獄におちることをおそれた阿闍世が、仏の説法において一切の衆生の苦悩を荷負するためならば阿鼻地獄におちようとも苦としない。そのように『涅槃経』に説かれています。

> 世尊、もし我審《われあきら》かによく衆生《しゅじょう》のもろもろの悪心を破壊《はえ》せば、我《われ》常に阿鼻地獄《あびじごく》に在りて無量劫《むりょうこう》の中にもろもろの衆生のために苦悩《くのう》を受けしむとも、もって苦とせず。（「信巻」聖典二六五頁）

阿鼻地獄におちることをおそれておののいていた阿闍世が、逆に「よく衆生のもろもろの悪心を破壊」することがあるならば、私が阿鼻地獄にあって「無量劫の中にもろもろの衆生のために苦悩を受けしむとも苦とせず」と言っています。

そういう自己の誕生が救いなのです。衆生の苦悩をになう。になわずにはおれないような自己が生み出される。ですから阿難の場合も、自分の問題が解決したから、今度は衆生のことを考えようということではない。衆生をもって自らとするような自己、そういう自己の問いをおこしたのです。この問いこそが、一切の存在の根底を貫いているのです。

一切の存在を通底するもの、それが法蔵菩薩です。本願は、一切の存在に通底しているものをおこした。ですから、自分が目覚めた願であっても、それは「非我境界」(『無量寿経』聖典一三頁)、私の分限を超えたものです。私のうえにおこった願ですけれども、その本願は私のおこした願ではない。私のうえに私を破るような願がおこる。またそういう自己を生み出してくるものが、教えなのです。真実の教は、教理でなくそういう力なのです。

行というのも、念仏の大行と言われますが、それこそ一般の立場から言えば、なぜ念仏が行と言えるか。摂論家《しょうろんげ》の「別時意の難」というものがありますが、念仏は願ではあっても行とは言えないと、「唯願無行」と言われます。行を修することのできない者に、行ができなければおまえはだめだと言えば絶望させるだけだから、ともかく念仏申せとすすめているだけだ。だから念仏で救われることはないというのが、別時意の難です。

別時意の難では、念仏を称えることの功徳は、お金で言えば一円くらいの値打ちしかないと言います。それをいっぱいためて、百万円ほどにならないと、浄土往生が成就することはない。そのような功徳の小さい念仏だから、念仏を称えたからといって、ただちに救われるわけではないと言うのです。

それから、念仏を称えたくらいで救われると言うのなら、たんぼの蛙は全部救われているだろうという道元禅師の言葉もあります。これも、念仏を称えることが行とは言えないという主張です。

それに対して親鸞聖人は、逆に諸行がなぜ行と言えるのかという問いを持たれたのです。行という概念を、いわゆる善根を積むことを行と考えれば、諸行こそ善根を積むことにはならないと言われるのです。

これは道元禅師の言葉と聞いていますが、宗教的回心とは、「蟬脱の道」だと言われます。回心というのは、蟬が脱皮するようなもので、今までの生き方、生きている世界が全部一変する。土の中で生きていたものが、空を飛ぶ虫になる。そのように、生きている世界も生き方も一変するというのが回心であるということです。そのように、人生を一変させるものが行なのです。そういうことになれば、諸行によって蟬脱が成就するか。蟬脱という道元の言葉に対して、私が勝手に使っている言葉ですが、「諸行は結局、蛇脱を出ない」。蛇の脱皮は、今までの蛇がより大きな蛇になるだけです。そこに本質的変化はない。生きる世界も生き方も、すこしもかわらない。ただ今より強くなり、より大きくなっただけです。結局、諸行は自我を超えさせることがなく、名利の道を超えさせることもない。今まで持っている自我を、法によって大きく強くしているだけなのです。

真実の行というのは、新しい人間を生み出すもので、新しい自己を生み出すものなのです。念仏の大行とは、人間そのものが生み出される。そういう問題が、行にしても教にしてもあるわけです。

親鸞聖人が、「真仮の門戸を知る」と言われるのは、そのような教法の歩みを知られたということで、そういうはたらきに触れられたということです。そのような歩みを抜きにして、教理に立つというのが、「大聖を去ること遙遠」、「理深く、解微なる」（『安楽集』）という指摘なのです。

三　浄土門のなかの選び

『唯信鈔』は、『選択集』によられながら、『選択集』に説かれている「三選の文」とは異なった、三つの選びがなされています。聖道門と浄土門の二門をまず分けていかれることは、どちらも同じです。けれども、「三選の文」においては、正行と雑行に分けられる。そしてその正行という内容は五正行です。「化身土巻」に善導大師の「散善義」の文が引かれています。そこに、

しかるに行に二種あり。一つには正行《しょうぎょう》、二つには雑行《ぞうぎょう》なり。正行と言うは、専ら往生経の行に依って行ずるは、これを正行と名づく。何ものかこれや。一心に専らこの『観経』・『弥陀経』・『無量寿経』等を読誦《どくじゅ》する。一心にかの国の二報荘厳《にほうしょうごん》を専注し、思想し、観察し、憶念する。もし礼《らい》せば、すなわち一心に専らかの仏を礼する。もし口に称せば、すなわち一心に専らかの仏を称せよ。もし讃《さん》嘆供養《だんくよう》せば、すなわち一心に専ら讃嘆供養する。これを名づけて「正」とす。
（聖典三三五頁）

とあります。こういう内容が五正行です。

ただこの場合、そこにありますように「正」という意味は、もっぱら往生経による、つまり三部の経典による。また礼拝ということも、もっぱら弥陀仏を礼拝する。そういうところに、「正」ということが見られます。

親鸞聖人は、「化身土巻」で、

「正」とは五種の正行なり。「助」とは名号を除きて已外《いげ》の五種これなり。
（聖典三四一頁）

と言われます。これは正行のなかに、正定業と助業を分けられたものです。「助とは名号を除きて已外」と言われます。つまり、五正行の、読誦・礼拝・観察・称名・讃嘆供養のなかの、称名を除いたのが「助業」です。ここで「名号を除きて已外の五種」と言われるのは、親鸞聖人は常に「讃嘆供養」を別々に数えられ、「讃嘆」と「供養」に分けられることから、「名号を除きて已外の五種」と言われるのです。

これは、『愚禿鈔』でも同じです。

また正《しょう》の散行《さんぎょう》について、四種あり。

読誦《どくじゅ》　礼拝《らいはい》　讃嘆《さんだん》　供養《くよう》

上《かみ》よりこのかた定散《じょうさん》六種兼行《けんぎょう》するがゆえに雑修《ざっしゅ》と曰《い》う。これを助業《じょごう》と名づく、

（聖典四四八頁）

とあります。ここでも、「讃嘆」と「供養」を別々に数えておられます。また、

「雑行《ぞうぎょう》」とは正助《しょうじょ》を除きて已外《いげ》をことごとく雑行と名づく。

（「化身土巻」聖典三四一頁）

と言われます。

つまり、正業は正定業、つまり称名です。助業は、称名を除いた四種の業、善導大師と法然上人はこれを、読誦・礼拝・観察・讃嘆供養の四種とされますが、親鸞聖人は、読誦・礼拝・観察・讃嘆・供養の五種とされます。

そして『選択集』の「三選の文」では、

正行《しょうぎょう》を修《しゅ》せんと欲《おも》わば、正助《しょうじょ》二業《にごう》の中に、なお助業《じょごう》を傍《かたわら》にして、選びて正定《しょうじょう》を専らすべし。

（「行巻」聖典一八九頁）

と言われます。

「助業」というのは、法然上人が「三選の文」で、「助業を傍にして、選びて正定を専らすべし」と言われるのが助業です。普通は、助といえば、走り高跳びなどの助走にあたるものとしてイメージします。正業をつとめるための助け、そのように称名ひとつに専注するための助業、こういう意味に普通は感じます。

ところが、法然上人は、「助業を傍にして」と言われるのです。ですからこの場合の助というのは、助走という意味の助ではなく、助とは称名が開く生活を意味するのです。その生活が、称名を逆に明らかにしていく。そうでなければ、傍にという意味は納得できないことになります。

ともかく、『選択集』の「三選の文」においては、そういう三つの選びになるわけです。

◎『選択集』「三選の文」の選び

- 聖道門
- 浄土門（専ら往生経に依る）
  - 正　行（五正行）（読誦・礼拝・観察・称名・讃嘆供養）
    - 正　業　正定業（称名）
    - 助　業（称名已外の正行）
  - 雑　行（正助を除きて已外）

これに対して、聖覚法印は、

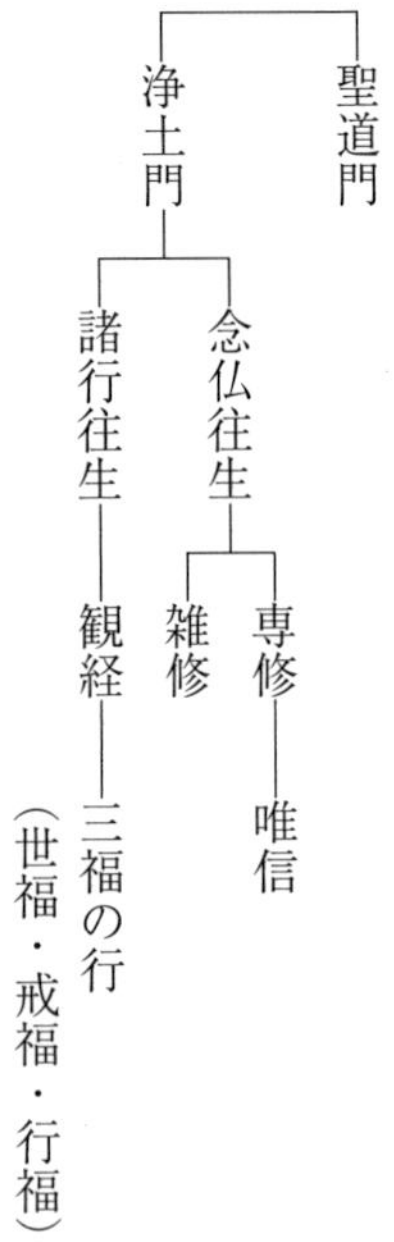

聖覚法印は、聖道門と浄土門の二つに分けられるところは『選択集』と同じなのですが、その後、浄土門を念仏往生と諸行往生に分けられます。聖覚法印は、法然上人の「三選の文」における第二・第三の選びの歴史、その事業の全体を、念仏往生というところに受け止めておられるのです。

そして、その念仏往生を、

念仏往生の門《もん》につきて、専修《せんじゅ》・雑修《ざっしゅ》の二行《にぎょう》わかれたり。（聖典九一九頁）

と、専修と雑修に分けられます。そして、念仏往生の歩みのほかに、諸行往生を分けられる。その諸行往生の内容は、

諸行往生というは、あるいは父母《ぶも》に孝養《きょうよう》し、あるいは師長《しちょう》に奉事《ぶじ》し、あるいは五戒《ごかい》・八戒《はっかい》をたもち、あるいは布施《ふせ》・忍辱《にんにく》を行《ぎょう》じ、乃至三密《ないしさんみつ》・一乗《いちじょう》の行《ぎょう》をめぐらして、浄土《じょうど》に往生せんとねがうなり。これみな往生をとげざるにあらず。一切の行はみなこれ浄土《じょうど》の行なるがゆえに。ただ、これはみずからの行《ぎょう》をはげみて往生をねがうがゆえに、自力《じりき》の往生となづく。行業《ぎょうごう》、もしおろそかならば、往生とげがたし。かの阿弥陀仏《あみだぶつ》の本願にあらず。摂取《せっしゅ》の光明《こうみょう》のてらさざるところなり。

（『唯信鈔』聖典九一七頁）

こういう言葉で、諸行往生を聖覚法印は押さえておられます。これは、いわば『観無量寿経』に説かれる散善三福の行です。

「父母に孝養し師長に奉事し」これが世福。それから「五戒・八戒をたもち布施・忍辱を行じ」これが戒福。『観無量寿経』においては、この次に深信因果等が出てきますが、それが『唯信鈔』では「乃至三密・一乗の行をめぐらして」と、ここでは行福。このように諸行往生については、三福の行と合わせるように説かれています。

ともかく、念仏往生という言葉のなかには、「三選の文」における事業が受け止められていると言ってよいかと思います。ですから念仏往生は、とおして称名ひとつです。これは念仏往生の名が立てられてくるわけですから当然です。

次に、

これによりて、一切の善悪の凡夫《ぼんぶ》、ひとしくうまれ、ともにねがわしめんがために、ただ阿弥陀の三字の名号《みょうごう》をとなえんを、往生極楽《ごくらく》の別因《べついん》とせんと、五劫《ごこう》のあいだふかくこのことを思惟《しゆい》しおわりて、まず第十七に諸仏にわが名字《みょうじ》を称揚《しょうよう》せられんという願《がん》をおこしたまえり。

（『唯信鈔』聖典九一八頁）

と、第十七願をもって念仏往生ということの内容が開かれています。

そして、それを受けて、

つぎに念仏往生の門《もん》につきて、専修《せんじゅ》・雑修《ざっしゅ》の二行《にぎょう》わかれたり。

（『唯信鈔』聖典九一九頁）

と、専修と雑修を分けられます。これは、ある意味から言いますと、法然上人の事業のすべてを聖覚法印が受け止めて、そこから開いてくる専修と雑修という問題なのです。これが聖覚法印が当時課題とされた、同じ法然門下にあって異義を唱える人びとへの批判になっているのです。「一向に念仏申すべし」という、法然上人の教えを共に聞きながら、しかもそこに、

雑修《ざっしゅ》というは、念仏をむねとすといえども、また余《よ》の行をもならべ、他《た》の善《ぜん》をもかねたるなり。

（『唯信鈔』聖典九二〇頁）

ということがおこってきているのです。この雑修ということが、当時の聖覚法印が課題とされた異義です。西山流、鎮西流、長楽寺流、九品寺流の四流に代表される法然門下の異流に対して、聖覚法印が明らかにしようとされた課題です。そして専修ということを受けて、それこそが「唯信」であると新たに名を立てられるのです。

法然上人の「一枚起請文」には、

只一《ただいっ》こう(向)に念仏すべし。

（聖典九六二頁）

とあります。これが法然上人の結論です。つまり、「三選の文」をとおしてすすめられていることは、この「只一こうに念仏すべし」という一句におさまるわけです。

その言葉を受けて、一心一向に念仏すべしという意義を開いてくるのが聖覚法印の『唯信鈔』であり、さらに全仏教の展開のなかで明確にしてこられたのが、親鸞聖人の事業です。その一心一向という、ただ一向に念仏でない、唯信という課題を含んだ一心一向の念仏です。つまり、念仏申す心が問われてくる。それが専修と雑修の問題です。念仏ひとつということで、明らかにされてくるのは、その念仏申す心なのです。それが「唯信」という言葉にかかげられているといってよいかと思います。

そのことが、親鸞聖人が、関東のご門弟方に繰り返し、聖覚法印の『唯信鈔』を書写して送られた意味であろうかと思います。

ただそういう課題を背負った書物だということがあるけれども、当然そこにはなお歴史的なひとつの限界があり、これから見ていく念仏一門のなかの押さえ方には、親鸞聖人と大きな違いもそこに当然あらわれているわけです。『唯信鈔』は、そういう課題を背負って書かれたものだということを、念頭において読んでいただければと思います。

四　末代の機にかなう浄土門

『唯信鈔』は、最初に聖道門と浄土門とに分けられます。そして、浄土門については、

ふたつに浄土門《じょうどもん》というは、今生《こんじょう》の行業《ぎょうごう》を回向《えこう》して、順次生《じゅんししょう》に浄土《じょうど》にうまれて、浄土にして菩薩《ぼさつ》の行を具足《ぐそく》して、仏《ぶつ》にならんと願《がん》ずるなり。この門《もん》は末代《まつだい》の機《き》にかなえり。まことにたくみなりとす。

（聖典九一六～九一七頁）

と、これだけの言葉で説明されています。

「今生の行業」というのは、今生において積んだところの行業ということで、その行業を浄土に回向して、「順次生に浄土にうまれて、浄土にして菩薩の行を具足して」と言われています。これは実はこの前に、聖道門の四つの機類ということが説かれていますが、その四番目の、

あるいは、ふたたび天上人間の小報をのぞむ。

（『唯信鈔』聖典九一六頁）

という言葉に重なるものです。これは、簡単に言えば次の生も人間に生まれたいというものです。この小報というのは、同じ三界のなかの果報ですので、小報と言われますが、ともかく次の生も天上か人間の小報を得て、そこで仏道を完成したいということを願うのです。そういう願いに生きているものが、四番目の機類とされていました。

これはその背景として、この一生においては仏道が成就しないということがあるわけです。龍樹菩薩は、「易行品」において、

阿惟越致地《あゆいおっちじ》に至るは、諸の難行を行ずること久しくして乃ち得べし。（真聖全一、二五三頁）

と、難行を久しく行じなければ完成しないと言われています。

これは、天台大師智顗ですら、その高僧伝によりますと、「弟子たちを教育しなければならないために、とうとう自分は今生で成仏できなかった」という愚痴をもらしておられるという記述があります。天台大師にしてもそうなのです。この世においては、世事に煩わされて仏道を完成することがはなはだ困難です。それこそ、日暮れて道遠しという思いが常にあるわけです。そこで「ふたたび天上人間の小報をのぞむ」ということが、最後の願いとして出てくるのです。

それが今の浄土門の最初のところでは、「順次生に浄土にうまれて」と言われてくる。やはりこの背後には、今生において仏道を成就できない者の願いとして、浄土に生まれることを願うということがあったわけです。浄土の徳として大きいのが、実は「増進仏道楽」（『往生要集』）で、浄土においてはおのずと仏道が増進していくということです。この穢土にあっては、多くのさまたげがあるけれども、浄土にあっては一切が仏道の歩みを押し進めてくれる。だからその浄土に生まれて、仏道を完成したいという願いが生

まれてきたのです。

歴史的には、「朝題目の夕念仏」ということが、比叡山におこりました。いわゆる願生浄土の思想の流れの背後には、結局、今生において道を完成できないという、諦めと言いますか、見きわめがあったわけです。そこで、日中は天台の行を行ずるけれど、夕方からは浄土に生まれられるように、浄土を観想し念仏するという人が多く生まれたわけです。それは、浄土を道場として期待するという浄土観を背景とするものです。

「化身土巻」に、第二十八願、道場樹の願が引かれています。

また『大経』に言《のたま》わく、また無量寿仏のその道場樹《どうじょうじゅ》は、高さ四百万里なり。その本《もと》、周囲五十由旬《ゆじゅん》なり。枝葉《しようよう》四に布《し》きて二十万里なり。一切の衆宝自然《じねん》に合成《ごうじょう》せり。（聖典三二七頁）

このように、化身・化土というものの具体的な姿として、道場樹ということが説かれているのです。これは大変おもしろい木ですね。高さが四百万里でそのもとはわずかに周囲五十由旬ですから、ひょろりと高い樹です。

その高さというのは、どこからでも見えるということが、その高さというものが持っている意味です。昔のお寺の本堂は高くなっています。その屋根の高さというものは、「ここに道あり」ということの目印になっていました。本来は道場樹なのでしょう。ここに道を求める場があるという、そういうことがどこからでも見えるというために、お寺の屋根が高く作られていたのです。ですから、高さというのは、そういう指標という意味を持っているわけです。

「化身土巻」では、最初に第十九願、至心発願の願が引かれています。そのあとでこの道場樹の願が引かれていますから、第十九願、至心発願の願の展開のなかで、道場樹の願が引かれているということです。その第十九願というのは、至心発願の願と言われますが、この場合の発願は浄土への発願です。つまり道に迷う者にとって、ひとつの方向と言いますか、宗教心を発願としてうながしてくるのが第十九願ですね。

仏教には、八万四千の法門と言われるほどいろいろな道が説かれています。いろいろな道があるという現実において、その道に迷うということがあるのですね。八万四千の法門を前にして、うろうろと道に迷う。そういう者にひとつの指標を示す。そして発願として、いろいろな形で動いている宗教心というものを浄土への発願心として帰一させる、そういう意味がそこにはあるのです。

今この『唯信鈔』において、聖覚法印は、

この門《もん》は末代《まつだい》の機《き》にかなえり。まことにたくみなりとす。（聖典九一七頁）

と言われています。その意味は、願文に即して言えば、至心発願というところに、この言葉がおかれていると見ていいかと思います。末代の機というのは、たとえ宗教心をおこしても、その宗教心というものが定まらない。いろいろな教えを前にして、うろうろとさまよう。そういうさまよっている末代の機に、ひとつの確かな歩みとしての方向を与える。そこに「まことにたくみなりとす」、こういう言葉がおかれているとみていいかと思います。

ですからこの八万四千の法門が、浄土の一門に帰するということです。仏教は聖道門と浄土門の二つに分かれますが、そのなかの浄土門というだけではない、聖道門の最後が、浄土門の最初に重なっていると言われているのです。いうならば聖道門の歴史全体、その歴史的な現実というものが浄土門の出発になっているということです。そういう聖道門の仏道の歴史的な現実、それは「朝題目の夕念仏」という言葉に象徴されるような、そういう現実が浄土門仏教のいわば出発点と言いますか、最初の姿になっているのです。その意味では、聖道門の歴史が、つまり仏教の歴史のすべてが、浄土門として帰一されてくるという意味が、ここに押さえられているのです。

三、諸行往生から念仏往生へ

一　諸行往生と念仏往生の選び

聖覚法印は、浄土門は末代の機にかなうと述べて、次に、

ただし、この門に、またふたつのすじ、わかれたり。ひとつには諸行往生《しょぎょうおうじょう》、ふたつには念仏往生《ねんぶつおうじょう》なり。　（『唯信鈔』聖典九一七頁）

と言われます。

「ただし」というのは、浄土門のひとつに帰するのだけれどもという意味です。その浄土門において「またふたつのすじ、わかれたり」ということになります。ひとつに帰したもののなかに、また二つが分かれてくるという意味で、「ただし」と言われます。

「ひとつには諸行往生、ふたつには念仏往生なり」と分けられて、そして、

諸行往生というは、あるいは父母《ぶも》に孝養《きょうよう》し、あるいは師長《しちょう》に奉事《ぶじ》し、あるいは五戒《ごかい》・八戒《はっかい》をたもち、あるいは布施《ふせ》・忍辱《にんにく》を行じ、乃至三密《ないしさんみつ》・一乗《いちじょう》の行《ぎょう》をめぐらして、浄土《じょうど》に往生せんとねがうなり。これみな往生をとげざるにあらず。一切の行はみなこれ浄土の行なるがゆえに。ただ、これはみずからの行《ぎょう》をはげみて往生をねがうがゆえに、自力《じりき》の往生となづく。行業《ぎょうごう》、もしおろそかならば、往生と

げがたし。かの阿弥陀仏《あみだぶつ》の本願にあらず、摂取《せっしゅ》の光明《こうみょう》のてらさざるところなり。（聖典九一七頁）

と、これだけの言葉で諸行往生ということが押さえられています。

そこに最初にあげられているのが、『観無量寿経』に説かれる三福の行です。「散善顕行縁」のところに説かれるもので、

また、未来世の一切の凡夫《ぼんぶ》の浄業《じょうごう》を修せんと欲《おも》わん者をして、西方極楽国土に生ずることを得しめん。かの国に生まれんと欲《おも》わん者は、当《まさ》に三福《さんぷく》を修すべし。一つには父母《ぶも》に孝養《きょうよう》し、師長に奉事《ぶじ》し、慈《じ》心《しん》ありて殺《せっ》せず、十善業《じゅうぜんごう》を修す。二つには三帰を受持し、衆戒《しゅかい》を具足し、威儀《いぎ》を犯《ぼん》せず。三つには菩提心《ぼだいしん》を発《おこ》し、深く因果を信じ、大乗を読誦《どくじゅ》し、行者《ぎょうじゃ》を勧進《かんじん》す。（聖典九四頁）

とあり、これが三福の行です。

三福の「福」という言葉については、「化身土巻」の最初に、

ここをもって釈迦牟尼仏《しゃかむにぶつ》、福徳蔵《ふくとくぞう》を顕説して群生海《ぐんじょうかい》を誘引し、阿弥陀如来《あみだにょらい》、本《もと》誓願を発《おこ》してあまねく諸有海《しょうかい》を化《け》したまう。すでにして悲願います。「修諸功徳《しゅしょくどく》の願」と名づく、（聖典三二六頁）

と言われ、そこに「福徳蔵を顕説して」と、『観無量寿経』に説かれている三福の行を「福徳蔵」という言葉で押さえられているわけです。いわゆる、浄土に回向した諸善万行というものを、福徳とよばれるわけです。

しかし、特に福徳という言葉に即して言いますと、人生における本当の幸福、本当の意味の幸せとは何かということが、王舎城のひとつの悲劇を契機としてたずねられたのが『観無量寿経』です。いわば人生の行きづまりというものを契機として、生きるということが根本から問われた。いわゆる平凡な人生とい

うものが行きづまる。その行きづまったときに、人間としてこの世を生きるということの意味が、根本から問われてくる。そういう意味が、この福徳蔵という言葉にはこめられているのでしょう。

『観無量寿経』においては、悲劇によって破壊された家庭がその後どうなったか、いわゆる問題の解決については、何も説かれていないわけです。家庭が破綻するなかで、韋提希が釈尊に救いを求めます。ところが、それに対する釈尊の説法というものは、いわゆる問題の解決という、そういう意味は持っていない。私たちの現実生活においては、悲しみとか苦しみがなくなるとか、悲しみとか苦しみが解決されるという、そういう言葉では尽くされない人間のいのちの問題があるということが示されていると思うのです。

およそこの世を生きているかぎり、悲しみや苦しみはなくならない。また、その悲しみや苦しみが解決したというのは、あらためて言うまでもないことですが、「現世の利益」ですね。いわゆる現世の利益というのは、状態としての利益です。つまり悲しい状態、苦しい状態、そういう状態におちいっていた者が、そういう家庭が破綻するというような状態に追いこまれていた者が、その状態を回復するということでしょう。あるいは、病気になっていた者が健康になるとかです。商売に行きづまっていた者が、商売がうまくいくようになるとかです。そこには、無病息災とか商売繁盛とか家内安全とか、そういう現世の利益としてのいろいろな言葉があります。それらは全部、いうならば日常性の回復ということですね。つまり、破綻した日常性というものを回復したというのが、この現世利益の具体的な姿です。

病気になった、経済的にも家庭的にも破綻したと、それが健康になってすべてがうまくいくようになった。そして、また毎日平和でおだやかな日々が送れるようになった。そういう日常性の回復ということが、現世利益の具体的な姿です。けれども、日常性の回復というのは、ある意味では出発点へ帰ったというだけのことです。

それに対して、「現生の利益」というのは、状態の満足ではないのです。現生の利益というのは、何かといったら存在の成就をもたらすものなのです。存在としての利益であり、存在としての満足です。どれほど日常性が回復しても、そこに生きていることのよろこびが生まれてこなければ、生きていく力にはなりません。ですから現生の利益というのは、そこに生きていく確かさをたまわるのです。乱暴に言ってしまいますと、「現生十種の益」（「信巻」聖典二四〇～二四一頁）というのも、こういう言葉におさまると思うのです。最後の「正定聚に入る益」というのは、生きていく確かさをたまわるということでしょう。「冥衆護持の益」とか「諸仏護念の益」というのは、生きていることのよろこびです。自分がこうして生きていることの背後、つまり私を生み出してくれている力、そういう力に目覚めることで、生きてあることのよろこびを感ずることがおこるのです。

『浄土論註』には、「満足自体」（真聖全一、二八八頁）という言葉で表現されています。ただこの「満足」という言葉を私たちが聞きますと、やはり状態の満足ということをイメージしてしまいます。そして、自分の状態に満足するということになってしまい、「満足自体」ということも、何か自分の今ある状況というものに満足して腰をおろすことと理解してしまうのです。結構な話だと腰をおろしてしまうと、そういうイメージを持ってしまうわけです。

けれども、曇鸞大師が言われる「満足自体」ということは、状態に満足するのではないのです。存在に満足するのです。存在に満足するということは、つまり自分の生きている事実というものを愛することなのでしょう。私に与えられている状況を、自分の人生の事実として受けていく、その事実を生きていくことです。つまり「満足自体」というのは、自己を生きるということなのです。

私たちは、なかなか自分を生きるということができません。いろいろと活動するということがありますが、ふとふりかえると自分から逃避しているという面があります。ですから逃避することなく、自分のいのちがある状況の全体を受けて、そこから出発することが必要になります。そういうところから、生きてあることのよろこびが生まれる。そのように、自分から逃げることなく生きていく力をたまわり、そして生きていく確かさを実感するというのが「満足自体」ということなのです。

二　現生の利益と現世の利益

私たちは、美しい花を見ると、その花の美しさをほめるけれども、花を咲かせている根っこということはすこしも思わないということがあります。現世の利益というのは、美しく咲いている花です。それに対して現生の利益というのは、花を美しく咲かせている根っこでしょう。真宗は現世の利益など問題にしないと、そういう話ではないのです。現世の利益を求めないような者は、人間ではないでしょう。私たちは、やはり人間としての幸せを求めるから、いろいろな現実の問題とたたかうということがあるのでしょう。ただ問題は、私たちは花だけを摘み取ろうとすることです。花だけを摘み取れば、花はすぐしおれてしまいます。つまり、現世の利益というものだけを求めると、それは必ずしおれてしまう。花だけを摘み取ればば花はしおれるというのは、言い換えれば、美しい花を見た感激というか、よろこびがおとろえてしまうということです。それは根っこがあってはじめて本当によろこべるのです。

つまり、生きてあることのよろこびとか、生きていく確かさというものがそこにあってはじめて、たまたま受けている状況というものがよろこべるのです。根っこがなければ、健康ということもただ単に退屈ということでしかないのでしょう。

ですから金子大榮先生は、「現生の利益」を直接の利益と言われ、「現世の利益」を間接の利益とこうおっしゃいます。つまり、生きていくということに、最も直接しているのは現生の利益なのです。現世の利益は、その現生の利益があってはじめてよろこべる。そういう意味で、現世の利益は間接だと、そう言われるのです。

金子先生は、真宗というのは欲が深いのですという言い方をされます。真宗はご利益なんか問題にしないと言うけれどそうではない、真宗は一番欲が深いのです。つまり、一般にその宗教を信じたおかげで病気がなおった、ご利益があったとこう言われる。三年間なおらなかった病気がなおった、それがよろこびと言われる。もちろんそれもよろこびなのですけれども、しかし、真宗はその病気になっていた三年間も意味があったということにならなければ満足できないのですと、金子先生は言われるのです。三年間も続いた病気がやっとなおったといって有頂天になると、それなら人生その三年間、貴重な三年間はまったくのマイナスで終わる。真宗はそういうことでは満足できない。その病気で苦しんでいた三年間が、私の人生に大きな意味を持っていたと言える道が開かれなければ満足しないのだと、そういう言い方をされます。

曽我先生は、「現世の利益」というのは、いちど満足してもまた新しい欲望がおこってきて限りがないと言われています。現世の利益という次元における要求というものは、ひとつが満たされればまたひとつと限りなく、次から次へと要求がおこってくる。次から次へとおこってくるということが、根源的ではないということを意味しているのです。根源的なものは、ひとつにおいてすべて満足するのが根源です。現世の利益は表面的なものだから、ひとつが満足してもまた次にと、それが満足してもまた次にと、そういう形で限りがない。本当に満足するときがないと、そういう言い方をしておられました。

ですから今、福徳蔵というのは、現世の利益を求める心をとおして、現生の利益への道を開くという意味があるのです。「福徳蔵を顕説する」と、『観無量寿経』には直接的には、そういう人間の要求、人間の現実の苦悩、それをふまえておこってくる人間の要求、欲望というものをとおして、人間のいのちをよろこぶ道が説かれているのです。

そこには、人間がこの世を人間として生きるそのよろこびとはいったい何かということを問うていく。そういう道を開いたのが『観無量寿経』です。福徳蔵には、そういう意味があるわけです。

これを花と根ということで言いますと、花を求める心をとおして根っこに立たしめる、そういう道を開いたというのが福徳蔵を顕説するということでしょう。その具体的な行として、『観無量寿経』では三福の行というものが説かれているわけです。今この『唯信鈔』においては、その三福の行というものをひとつふまえて、ここに浄土の諸行往生というものを押さえておられる。そういうことがここに見られるかと思います。

三　三福の行

諸行往生ということにつきまして、まず三福の行というものがあげられています。まず「あるいは父母

に孝養し、あるいは師長に奉事し」とあります。『観無量寿経』では、

一つには父母《ぶも》に孝養《きょうよう》し、師長に奉事《ぶじ》し、慈心《じしん》ありて殺《せっ》せず、十善業《じゅうぜんごう》を修す。
（聖典九四頁）

と、これだけの言葉で世福というものが語られています。

「孝養父母、奉事師長」というのは、「敬上の行」（『観経疏』真聖全一、四九一頁）と呼ばれています。つまり、目上の人を敬う行です。それに対して、「慈心不殺、修十善業」というのは、「慈下の行」（『観経疏』真聖全一、四九二頁）と言われていまして、自分より弱き者、下の者を慈しむという行です。そのように、敬上ということと慈下ということをもって、世福ということが押さえられてくるわけです。

世福というのは、いうならば世にあるものとしての、あるべき根源的な行です。『観無量寿経』の三福の一段のところに照らして言えば、『唯信鈔』のほうは、敬上というほうだけをもって世福を押さえられているわけです。「孝養父母」とありますが、「きょうよう」と読むときは追善供養を意味するわけです。それで「こうよう」と読むときには、いわゆる親孝行です。

次に「師長に奉事し」とあります。これは師や目上の人に敬いつかえるということで、それは自分をあらしめてくださった人への敬いです。父母、それから師長というのは、今日の自分をあらしめてくださった人です。その人びとの恩徳ということを大切に思うということがそこにはあるわけです。

次は、戒福です。『唯信鈔』では、

あるいは五戒《ごかい》・八戒《はっかい》をたもち、あるいは布施《ふせ》・忍辱《にんにく》を行じ、
（聖典九一七頁）

とこうあります。「布施」というのは、もとへ返して言いますと「讃嘆供養」ということです。その讃嘆供養というのは、要するに今の自分をあらしめてくださった人への人間としての姿勢です。生きていく姿

勢を貫くものが、讃嘆供養です。何か特別のこととして、私たちは讃嘆供養のことを思うのですけれども、そうではなくて、そういう自分をあらしめてくださった人を敬うことです。そういう自分というものを受け止めるときに、そこに開かれてくる生活の基本的な姿勢が讃嘆供養なのです。つまり、人生が讃嘆供養の人生になるという意味ですね。人生のなかで、いろいろな営みをするなかのひとつとしての、讃嘆供養ということではない。その人生が、讃嘆供養の人生として開かれてくるという意味を持っています。

ですから、本願文においても、第二十二願、還相回向の願ですが、それはいうならば本願から生み出された人間像です。本願から生み出された人間の歩みの第一歩が供養諸仏です。第二十三願は、供養諸仏の願。その諸仏というのは、自分をあらしめてくださった人びと、私を生み出してくださった人びとの名ですね。ただ世福の場合は、ただ生きているこの私という人間的な意味ですが、戒福になりますと、真実なる教えに遇いえた者としての、そういう私を生み出してくださった人びとという意味での供養諸仏です。

親鸞聖人は、「真仏土巻」に、『不空羂索神変真言経《ふくうけんじゃくじんぺんしんごんきょう》』の文を引かれています。そこには、

汝《なんじ》当生の処《ところ》は、これ阿弥陀仏の清浄報土《しょうじょうほうど》なり。蓮華《れんげ》より化生《けしょう》して、常に諸仏を見たてまつる。

（聖典三〇三頁）

と、「常に諸仏を見たてまつる（常見諸仏）」という言葉が出ています。

これは、浄土、真仏土の内景として、「常見諸仏」ということがあげられるわけですが、その常に諸仏を見たてまつる者の生活、常見諸仏の人びとの生活を貫くものが讃嘆供養です。それから、親鸞聖人にあっての諸仏は七高僧ですね。そういう自分をあらしめてくださった七高僧に、報恩のまことを尽くす。そういう意味が、本来の讃嘆供養ということの意味です。ある時、ある場所で、ある事についてだけ讃嘆供

養するというのは、それこそどこか暗い片隅での宗教心、讃嘆供養です。

現代人は、生活の一部で讃嘆供養をしています。これは批判的に言うときの、いわゆる法事仏教ということになるのでしょう。その讃嘆供養がつまらないとか、現実とかかわりないということではないのです。その人の讃嘆供養のあり方そのものが、現実とかかわりがない。本来は、その生活の全体が讃嘆供養になるとき、その歩みはまさに還相の歩みになるのです。そこに人生のあらゆるところで、仏法というものを生きていくということがはじまるのであって、そういう意味がそこにあります。

ともかく、今その戒福を「五戒・八戒をたもち」と、あるいは「布施・忍辱を行じ」とあります。この戒福は、当然仏の言葉、教えによって生きるということがその姿です。

およそ仏道を歩む各宗は、それぞれが諸行をいろいろと説いているわけです。そしてその諸行の基礎を貫くものは、戒・定・慧の三学です。そして、その一番もとは大菩提心をおこすということです。そしてその菩提心によって、観心修行する。その菩提心というものに基づいて、観心修行を行うわけです。そしてそこに成仏を期する。これが八万四千の法門を貫いて、仏教各宗を貫いている基本の展開です。

その大菩提心をおこすということですが、そのもとは総願としての四弘誓願で、これは等しく貫かれているわけです。その四弘誓願に基づいて、それぞれの別願というものが生まれる。そしてそういう菩提心をおこすということは、つまり自己の内なる仏性を信ずるということから出発しているわけです。そのように、仏性ということが基礎にあるわけです。

仏性ありということを信じられないと、菩提心はおこらないのです。仏性ありという思いが菩提心をおこしてきて、その仏性を掘りおこしてくる。そしてそれを実現する。仏性を掘りおこし、仏性を実現する歩みが、観心修行です。そのように仏性を実現して成仏するという、そういう展開を持つわけです。そういうものをひとつにまとめて言う場合に、戒・定・慧の三学ということが言われるわけです。そしてそれを広げたのが、いわゆる六波羅蜜の行で、いわゆる布施・持戒・忍辱・精進・禅定・智慧です。それが『唯信鈔』では、そのなかから持戒・布施・忍辱ということがあげられているわけです。これは当然、六波羅蜜の行ということが内容として押さえられているわけです。

布施ということについては、今言いましたように、讃嘆・供養ということがそこにあるわけです。それに対して、持戒というのは、つまりおよそ行ということを表す言葉です。その修行によってそこに禅定を得て、禅定によって智慧を完成する。ですから三学の場合の戒というのは、ある意味では六波羅蜜のなかのひとつの戒ではありません。

戒という言葉は、サンスクリットでは śīla（シーラ）です。この意味は、自分の生活になるまで習慣づけるというものです。習慣づけるということが、一番大事なことなのでしょう。行と言いましても、それがその生活を貫く習慣にならなければ、生きてはこないのでしょう。逆に言いますと、人間を変えていくものは習慣です。回心ということはもちろんあるわけですけれども、しかし具体的な日常生活のなかでその人間というものを決めていくものは習慣です。

ですから、その習慣というものは非常に大事なのです。習慣というのは、ただの惰性ということではない。習慣にまでなるというのは、無意識のうちにそれが行われるまでになるということで、それが行が身についたということです。そのように無意識の実践、無意識の行にまでならしめていくものが、実は戒です。ですから、生活習慣の変化ということは、ただ生活習慣が変わったということではなくて、人間が変わっていくのです。ですから習俗というのは、非常にこわいのです。単なる習俗であるというようなことを言いますけれども、単なる習俗ということはない、習俗が人間を決めていくのですから。習俗というものはよほど注意しなければなりません。

だいたい法という言葉も、本来その世俗的な意味ではダルマという言葉も、そういう習慣という意味を持っているのです。

四　五戒・八戒をたもつ

『唯信鈔』に「五戒・八戒」とありますが、特に八戒というのは具体的には『観無量寿経』において頻婆娑羅王が獄中で求めた戒です。頻婆娑羅王は、獄中に閉じこめられて、飲む物も食べる物もないことになった。その頻婆娑羅王に、韋提希が苦心して飲み物と食べ物を与える。それを食べ終えてから、

> その時に大王、麨《しょう》を食《じき》し漿《しょう》を飲みて、水を求めて口を漱《すす》ぐ。口を漱ぐことすでに已《おわ》りて、合掌恭敬《がっしょうくぎょう》して、耆闍崛山《ぎしゃくっせん》に向《む》かいて、はるかに世尊を礼して、この言《ごん》を作《な》さく、「大目犍連《だいもっけんれん》、これ吾《わ》が親友《しんぬ》なり。願わくは、慈悲《じひ》を興《おこ》して、我《われ》に八戒《はっかい》を授けよ」と。
>
> （聖典八九〜九〇頁）

と、こういう形で出ています。

ここで注意されますのは、「水を求めて口を漱ぐ。口を漱ぐことすでに已りて」という、この表現です。「漱口」という言葉が、繰り返されているわけです。経典でそういう言葉が重ねられているということは、やはりひとつ注意しろということがあるわけでしょう。つまり「口を漱ぐ」ということが、ひとつの転換

を示している。口を漱ぐ前と、口を漱ぎおわった後とで、頻婆娑羅王に大きな変化がある。つまり、口を漱ぐ前は恐怖に満ちている。今死ぬか、もうこのまま食べる物も飲み物もないままで死を目の前にしていて、恐怖の底に沈んでいたのでしょう。それが、食べ物と飲み物を与えられて人心地つくと。その人心地ということを表すのが「漱口」です。「口を漱ぐ」、つまり生きのびるためには口を漱ぐという必要はないのです。

口を漱ぐという行為は、ある意味で、身だしなみというようなものですね。人間としての、ひとつの精神生活です。ただいのちをたもつためならば、口を漱ぐよりも飲んだほうがよほど体の栄養になり、力になるのでしょう。そこに「口を漱ぐ。口を漱ぎ已りて」という。ですから、口を漱いだということにおいて、頻婆娑羅王は人間としての意識を取りもどしたのです。

その人間としての意識を取りもどしたところに出てくる問題が、戒なのです。それはあえて言えば、この口を漱ぐという前は恐怖ですが、口を漱ぎおわってからは不安ですね。不安というのは、人間としての心、その大きな営みです。不安というのは、つまり自分の今おかれている状況、あるいはこの状況におかれているこの自分というものが大きな問いとなる。

つまり、自分の不確かさというものが意識されてくるのが不安です。「不安ということは、本来性からの呼びかけ」という言葉で言われた方もおられます。不安、何となしに不安を感ずるというのは、今ある自分のあり方が本来的なものではないということの予感によっておこるのです。ですから安田理深先生が、「不安に立つ」ということを言われています。

ある意味で、自分の生き方に不安を感じないということは、そのままもう人間としての心を見失っているということでもあるのでしょう。ですから宗教、信仰生活というのは、不安がなくなって、矢でも鉄砲でも何でも持ってこいというようになるわけではないのです。金剛堅固の信心と言いますけれど、何がきても不安なんか感じないと、そんなことではないのです。宗教生活というのは、ひとり歩むという道に立たされることです。ふたりしてわたるわけにいかない、ふたりならんでわたることもできない。そういう道に立たされることが宗教生活です。ですから、楽になりたいのなら宗教なんか持つものではないのです。楽になりたいのなら、三猿の心が一番いいのです。見ざる、言わざる、聞かざるという、三猿主義の生活をしているほうが楽なのです。

ですから、宗教生活には、不安というものは常にあるのでしょう。キェルケゴールの言葉を借りれば、「おそれとおののき」です。そういうおそれとかおののきを持たないような宗教生活というものは、人間としての歩みではなくなってしまうのでしょう。

聞法ということから私を離れさせないのは、おそれとおののきなのです。おそれとおののきを持たなくなったとき、聞法と言っていても、その聞法というのはただ自分を固めていくと言いますか、大きくしていくだけのことで、ある意味ではいよいよ仏法から遠くなっていくのでしょう。

聞法という形で仏法から遠ざかる、そういう問題が不安ということにはあります。ですからおよそ宗教生活というものには、常に不安という問題が伴っているわけです。

今、頻婆娑羅王が、その不安のなかにおいて、自分の存在を方向づけていくものとして、戒を求めるわけです。不安につつまれている者として、そこにひとつの方向を求める。つまり戒を受けるということは、生きていく方向をいただくということです。そういう意味で、まず戒ということが、諸行においては立てられてくるわけです。

戒ということには、そういう問題がありますが、ともかく『唯信鈔』のこの言葉、

あるいは五戒《ごかい》・八戒《はっかい》をたもち、あるいは布施《ふせ》・忍辱《にんにく》を行じ、

というのは、開けば六波羅蜜《ろくはらみつ》ということです。（聖典九一七頁）

戒、それから布施と忍辱が、特にあげてありますが、忍辱というのは情熱でしょう。忍辱というのも、ただ我慢するということのように思いますが、そうではないのです。それこそ、事実にたえて生きる情熱なのです。本来情熱というのは、そういうものですね。意味を持っているわけです。それがずっと深く純粋になった姿が、仏法の智慧を表す「忍」という言葉です。ですから、韋提希は無生法忍を得たと言われる。

それから、本願文の第四十八願は、「得三法忍の願」と言われ、そこに忍と言われます。この忍というのは、忍可決定ということであり、認めるということです。

ハイデッガーの書物のなかに、ギリシャ人の知恵ということを問題にした文章がありまして、そこに「ギリシャ人は知恵を情熱と表した」という言葉がありました。そしてその情熱というのは、ハイデッガーはいつもそういうやり方をするわけですが、Leidenschaft（ライデンシャフト）という、そのLeidenというのは耐え忍ぶ、情熱という言葉の語幹は耐え忍ぶLeidenだと言っていたのです。

つまり、ギリシャ人の知恵、それは情熱。その情熱というのは、何が何でも突き進むという、そういう猪突猛進の情熱ではない。それが事実であるかぎり事実として耐え忍ぶという、そういう情熱だと言われています。その事実を生きていく、自己の事実として生きていく情熱だと。

そういうことからあらためて思いますと、なるほど愚痴というのは智慧のないことですから、愚痴というのは、それが事実であるのに事実として認められない弱さのあらわれなのでしょう。

愚痴というと、そういう弱さでしょう。事実を事実として認められない弱さ。それで忍辱というのは、ただただじっと我慢する、歯をくいしばって我慢するということではなくて、それこそ事実を事実として歩むという、そういう情熱を意味するのが忍辱です。

ここに、そういう六波羅蜜ということが押さえられるわけです。

『無量寿経』の「嘆仏偈」にも、

戒聞《かいもん》・精進《しょうじん》・三昧《さんまい》・智慧《ちえ》（戒聞精進　三昧智慧）　（聖典一一頁）

とあり、これがやはり六波羅蜜です。

ところが、「戒」のところに「聞」という字がついているわけです。つまり六波羅蜜の行のなかに、「聞」という字がはさまっていると言いますか、何かこうまぎれこんでいるような感じです。

ここに「聞」という言葉がおかれてある意味ですが、講録などではこれを簡単に「戒聞」という熟語として読んでおられます。その場合は「戒香熏修《かいこうくんじゅ》」（『観無量寿経』聖典一一七頁）という言葉もありまして、つまり戒をたもてる人の徳というものは、おのずとそのまわりにその徳が及んでいくという意味です。ちょうどにおいがまわりに及んでいくように、持戒の者の徳はまわりに及んでいく。それと同じように、その持戒者の名は、おのずと十方に聞こえてくる。そういう意味で、「戒聞」というと説明されています。香月院深励師もそういう押さえをこの「戒聞」という言葉でしておられます。しかし、はたしてそうなのかです。

言葉のうえなら六波羅蜜ですね。それこそ、ここは、「戒・忍・精進・三昧・智慧」でもいいのです。字数をそろえるだけなら、「戒忍精進三昧智慧」で十分自然に六波羅蜜ですね。そのほうが、かえって自然に表せる。それをわざわざ「戒聞」とされた。戒にだけなぜそういう言い方がされるのか、ちょっと納得がいきません。そこにひとつ問題を感じます。

五　定観成じがたきことを顕す

「嘆仏偈」の文には、「戒聞精進三昧智慧」と、そこにわざわざ「聞」の字がおかれているのですが、実はこの「嘆仏偈」で「聞」というのが出てきますのは、四十八願経になってからなのです。ですから、『無量寿経』ともうひとつ『如来会』にあるのです。『如来会』には、この「嘆仏偈」の箇所にあたる偈文が、

戒・定・慧・進及び多聞は、一切の有情与に等しきもの無し。（真聖全一、一八八頁）

と、こういう言葉になっています。ここで、はっきりと「進及び多聞」と「聞」という字が別におかれているわけです。この『如来会』の文から見ますと、香月院師が言われるような、この「戒聞」の「聞」を、戒の字につけるという読みはすこし違ってくるのではないかと思うのです。問題はこの場合、「及び」という言葉の意味がわからないということです。「及び」という字をどう読むかです。つまり、普通「及び」と言いますと、同じ次元で、同じ類のものとしてひとつにつつむということになります。「及び」という字をそのように見ますと、これは「六波羅蜜と及び」ということで、「六波羅蜜そしてそ

れに加えて多聞」という意味になってきます。

けれども、この「聞」という字は、『無量寿経』においては基本の言葉ですね。『無量寿経』の「序分」の一番最後は、

唯然《ややしか》り。願楽《がんぎょう》して聞きたまえんと欲《おも》う。（唯然、願楽欲聞）（聖典八頁）

と、「願楽欲聞」と、「欲聞」という言葉で終わっています。その「聞きたまえんと欲う」という言葉を受けて、「正宗分」の説法がはじまるわけです。

そして、「正宗分」の説法が終わり、「流通分」になると、そこに、

仏、弥勒《みろく》に語りたまわく、「それ、かの仏の名号を聞くことを得て、歓喜踊躍《かんぎゆやく》して乃至《ないし》一念することあらん」。
（仏語弥勒、其有得聞、彼仏名号、歓喜踊躍、乃至一念）（聖典八六頁）

とあります。つまり「聞きたまえんと欲う」という言葉からはじまった説法が「それ、かの仏の名号を聞くことを得て（其有得聞、彼仏名号）」と「得聞」という言葉でおさめられているのです。このように、「聞」からはじまって「聞」におさまっているのが『無量寿経』です。

しかもその説法の中心と言いますか、要になるのは本願成就の文で、

あらゆる衆生、その名号《みょうごう》を聞きて、信心歓喜《しんじんかんぎ》せんこと、乃至一念《ないしいちねん》せん。心《しん》を至し回向《えこう》したまえり。かの国に生まれんと願ずれば、すなわち往生《おうじょう》を得て不退転《ふたいてん》に住す。
（諸有衆生、聞其名号、信心歓喜、乃至一念、至心回向、願生彼国、即得往生、住不退転）（聖典四四頁）

とあります。そこには、「聞其名号」と、やはり「聞」の字があります。

ですから『無量寿経』には、序分の結びに「願楽欲聞」、正宗分の中心に「聞其名号」、そして流通分の初めに「其有得聞」と、それぞれ「聞」という字がおかれているわけです。いわゆる『観無量寿経』の「観」という字が持っている意味と同じように、『無量寿経』は「聞」の経典だと言えるわけで、聞という言葉をもって貫かれている経典だと言えると思います。そうしてみますと、この「聞」という字が、四十八願経に至って「嘆仏偈」に「聞」の字がわざわざ加えられているという意味は、軽くはないのではないでしょうか。ただ横にならべたと、それだけの意味ではないのだと思われます。

つまり六波羅蜜の行をもって、代表と言いますか、押さえられます諸行。その諸行にくっつけての聞というよりは、諸行とならんで聞の一道ということを表しているように思います。

つまり、『如来会』で「戒・定・慧・進及び多聞は」と言われるときの「及び」は、いうなれば「おおよそ仏道には」という意味があるのではないか。「おおよそ仏道には、戒・定・慧・進、すなわち六波羅蜜の行と及び多聞の道がある」ということではないでしょうか。つまり多聞の仏道ということを表しているのです。多聞という言葉は、もうひとつ強めますと、「ただ聞くのみ」という意味を持っているのではないか。そしてある意味で、この「及び」のところで、六波羅蜜で代表される諸行というものが、聞の一道に帰一するという展開を述べている。

『観無量寿経』という経典は、福徳蔵を顕説して、そしてそこに聞の一道を開いてくる。そういう大きな意味を持っていると思われます。

そのことは、実はこの『唯信鈔』で行福にあたるところが、

あるいは布施《ふせ》・忍辱《にんにく》を行《ぎょう》じ、乃至《ないし》三密《さんみつ》・一乗《いちじょう》の行《ぎょう》をめぐらして、浄土《じょうど》に往生せんとねがうなり。（聖典九一七頁）

とこうあります。「三密・一乗」とありますが、三密は真言の行です、身口意の三密の行。それから、それに並べて言われる一乗は、天台の一乗です。

そこに、聖道門を代表する真言と天台が押さえられて、それらを「めぐらして」、つまりそれを転じて、「浄土に往生せんとねがうなり」と言われているのです。この「めぐらして」は、その功徳を回向してということです。「三密・一乗の行の功徳を回向して、浄土に往生せんとねがうなり」ということですから、そこには仏道全体が押さえられているわけです。

『観無量寿経』の三福の行のなかの行福には、仏教の基本というものがすべて押さえられているのです。『観無量寿経』では、

三つには菩提心《ぼだいしん》を発《おこ》し、深く因果を信じ、大乗を読誦《どくじゅ》し、行者《ぎょうじゃ》を勧進《かんじん》す。（聖典九四頁）

こういう言葉で行福ということが押さえられているわけです。聖覚法印は、ここにわざわざ「三密・一乗」という言葉をおいておられるのです。そして続いて、

これみな往生をとげざるにあらず。一切の行はみなこれ浄土《じょうど》の行なるがゆえに。ただ、これはみずからの行《ぎょう》をはげみて往生をねがうがゆえに、自力《じりき》の往生となづく。行業《ぎょうごう》、もしおろそかならば、往生とげがたし。かの阿弥陀仏《あみだぶつ》の本願にあらず。摂取《せっしゅ》の光明《こうみょう》のてらさざるところなり。（聖典九一七頁）

と言われています。

聖覚法印においては、「もしおろそかならば、往生とげがたし」という言葉で、諸行往生の限界と言い

ますか、その難行性というものが見られているわけです。「おろそかならば」というのは、つまり「その行をはげむ心がおろそかになれば」ということです。そのときには、たちまち退転する。そういう退転の可能性というものを、常に持っているということが、そこに押さえられているのです。

これが親鸞聖人になりますと、これはたとえば、『観無量寿経』の隠顕釈がほどこされているところですが、

「若《にゃく》有《う》合《がっ》者《しゃ》名《みょう》為《い》麁想《そそう》」と言《のたま》えり、これ定観《じょうかん》成じがたきことを顕すなり。「於現身中得念仏三昧《さんまい》」と言《のたま》えり、すなわちこれ、定観成就の益《やく》は念仏三昧《さんまい》を獲《う》るをもって観の益《やく》とすることを顕す、すなわち観門をもって方便の教とせるなり。（「化身土巻」聖典三三二頁）

こういう言葉がおかれています。

つまり、「定観成じがたきことを顕す」ということですから、単に定観というものが、おろそかならば退転するということではなくて、「おおよそ定観なるものは成ずることかたし」ということです。しかも「定観成就の益は念仏三昧を獲るをもって観の益とすることを顕す」ということですから、実は定観の成就の利益は、観仏三昧を獲ることではなくて、念仏三昧を獲ることにあるのだと言われているのです。

もっと言い切りますと、観仏三昧は成就しないということが成就なのです。その成就しがたいということがあきらかになる。成就することが利益ではないのです。成就することなしということが明確になるということが、実は観仏三昧・定観成就の利益なのだということです。つまり、念仏三昧を獲るということが利益なのです。ですからそこに「観門をもって方便の教とせるなり」と、逆に観門を念仏の方便として

おられるわけです。

ここで念仏の歴史をひっくり返しておられるわけです。それまでは、観仏三昧を成就するための念仏三昧でした。念仏は観門の方便だったのです。それを親鸞聖人は、逆に観仏が念仏の方便だと言い切られたのです。つまり、諸行の成就がなかなかできないから、方便として念仏申すのではない。それこそ唯信で、唯信して念仏申すということに帰らせるための諸行だということで、諸行が念仏の方便だとされるのです。

龍樹菩薩の『十住毘婆沙論』には、

死をもって崖岸と為す、能く越ゆる者なし。（大正蔵二六、二〇頁）

とこういう言葉があります。諸行の成就しがたさというものが、このように押さえられているのです。崖岸というのは、越えられないものです。これは言葉を換えれば、行きづまるということです。

ですから、諸行によっては、行きづまりを体験しないような歩みはないのでしょう。つまり諸行による仏道というのは、行きづまっている者を行きづまりから解放する道ではないということになります。逆に妙な言い方になりますが、行きづまっていない者を行きづまらせるのが、諸行に立つ仏道なのです。

実は凡夫のかかえる大きな問題というのは、行きづまらないというところにあるのです。凡夫は行きづまって菩薩は行きづまらないかというとそうではないのです。菩薩は行きづまる存在なのです。行きづまらないのは凡夫のほうです。そして、いともあっけらかんと生きているのです。悩むべきことを悩めない、人生の問題になってこないということをかかえるのが凡夫です。親鸞聖人が『観無量寿経』の第十九願を「要門」と言われるのは、まことなる道に出るために必要な門ということで、その意味は、行きづまらない凡夫を行きづまらせるためのものです。ですから、第十九願というのは第十八願に対してはお粗末なものだと、そういうことではないのです。

親鸞聖人が、

これ定観《じょうかん》成じがたきことを顕すなり。「於現身中得念仏三昧《さんまい》」と言《のたま》えり、すなわちこれ、定観成就の益《やく》は念仏三昧《さんまい》を獲《う》るをもって観の益《やく》とすることを顕す、すなわち観門をもって方便の教とせるなり。

（「化身土巻」聖典三三二頁）

と言われるのは、「定観成じがたきこと」、成就しないということがあきらかになることが定観の成就であり、その事実に本当に頭が下がるというときに、それこそ聞くほかない身、おのれというものが生み出されてくるのです。つまり、観門を通って念仏の道に入り、本当に人間を平等に出遇わせるという、そういう世界が開かれてくるということなのです。だからこそ、観門が念仏三昧を獲るための方便の教とされるのです。

六　名号をとなえて往生を願う

次に、聖覚法印は、

ふたつに念仏往生《ねんぶつおうじょう》というは、阿弥陀の名号《みょうごう》をとなえて往生をねがうなり。これは、かの仏の本願に順《じゅん》ずるがゆえに、正定《しょうじょう》の業《ごう》となづく。ひとえに弥陀《みだ》の願力《がんりき》にひかるるがゆえに、他力の往生となづく。

（聖典九一七頁）

こうありまして、あらためてこのことをまた取りあげて、

そもそも名号《みょうごう》をとなうるは、なにのゆえに、かの仏の本願にかなうとはいうぞというに、

（聖典九一七頁）

ということから、このあと法蔵菩薩の歩みが展開されています。

そこに、「阿弥陀の名号をとなえて往生をねがうなり」とあります。その名号について、親鸞聖人は、『唯信鈔文意』で、

「号」は、仏《ぶつ》になりたもうてのちの御《み》なをもうす。「名《みょう》」は、いまだ仏になりたまわぬときの御《み》なをもうすなり。

（聖典五四七頁）

と、わざわざ「名号」について解釈をされています。

そこに、「いまだ仏になりたまわぬときの御な」「仏になりたもうてのちの御な」と分けられているのですが、これを曽我量深先生は、「表現せられたすがたを果の仏」と、それから「いまだ表現せられざる如来を因仏」という言葉で言っておられます。

「いまだ仏になりたまわぬとき」というのを、「いまだ表現せられざる仏」と言われるのですが、その「表現されない」ということは、何も曖昧模糊としているということではないのでしょう。曖昧模糊としていてはっきりしないというなら、仏というわけにはいかないでしょう。因仏という言い方は、つまり仏の因位ではない。仏の因位なら菩薩です。仏の因位は菩薩であって因仏ではない。因仏と言われるのは、仏というのは超越的にポコンと生まれるものではないということがあるのです。つまり創造神のようにポコンと出てくるものではなく、歴史があるものだということです。

仏は、仏にまで成ってきたもので、その仏における歩みのなかに、仏としての因と果があるわけです。

仏としての因の相と、仏としての果の相があるのです。ですから、「いまだ表現せられざる」とはどういうことかというと、これは私の了解ですけれども、表現するとは伝えるということなのです。表現というのは、受けとったという人がいなければ、表現したつもりであっても表現しないのと同じですね。表現というものは、表現した側にあるのではない。表現を受け止めた者の側において成り立つのです。

つまり仏が説法するということも、いくら仏が「おれが説いた説いた」と言われたとしても、それだけでは説いたことにはならない。そこに利益を受けた者、いわゆる四衆という者がなければならない。四衆というのは、発起衆・当機衆・影響衆・結縁衆で、そういう四衆があってはじめて説法が成り立つのです。最初は「発起衆」で、これは説法の縁を開いた者です。それから「当機衆」というのは、その説法の対機衆です。まさしくその説法によって利益を受けた者が「当機衆」です。つまり目覚めた人がいなければ、その説法はされなかったのと同じことになってしまいます。

次の「影響衆」というのは、他方からきて、その説法を荘厳する人です。

最後の「結縁衆」というのは、縁を結んだ人という意味がありますが、同時にその説法で利益は受けなかった、目覚めなかったけれども、仏法への縁だけは結んだという人もいます。これも大事なことです。ですから、「表現された仏」というのは、受け止められた仏ということです。もっと端的に言えば、信心として衆生のうえに成就した仏です。それが表現された仏です。そこに名号がある。

ですから、名というのは名のりです。名のりではあるけれども、名のりがいまだ名のりにとどまっている。名のりは仏のうえにある。しかしその名が成就するというのは、名が人に受け止められたときです。私の名が私の名にとどまっているかぎり、私の名は意味をもたないのです。愛憎いずれにしろ、その名が受け止められたとき、名がひとつのはたらきを持ってくるのです。ですから号という場合は、衆生のうえに受け止められた名です。

「名」は、いまだ仏になりたまわぬときの御な」と言われるように、名というのは、いまだ仏における名のりにとどまっているものです。仏における名のりにとどまっていたものが、衆生において聞き頷かれたときに、「号」は、仏になりたもうてのちの御な」と言われるように、「号」となるのです。

七　「名」と「号」の釈

この「名」という文字につきまして、白川静さんの辞書『字統』を見ますと、金文ではという形になっています。は、祭肉を表し、は神にささげる祝辞、祝禱をいれる器だということです。それで、「名」という字は、実は名をつける儀式から作られてきた文字だということです。

名をつける儀式ということですが、中国では、子どもが一定の年齢に達しますと、その氏族の一員として、一人前の名を与える。そのときに、以後、氏族の一員として、氏族の取り決めに従って生活するということを神に誓う。その誓いを書いた紙を、器にいれて祭壇にあげる。さらにその紙に祭肉を添える。もとはいけにえの意味を持っていたのでしょう、供えをする。そのようにして先祖の霊によって承認されてはじめて、一人前の名が与えられるわけです。それでその後、その肉は一族の人が共に食べる。いわゆる共餐で、神の前で一緒に食べて、一族の血のつながりを確かめる。そういう命名の儀式を表す文字が、名という字なのです。

ですから、名づけるということは、一族の成員として一族に加わる、その加入の儀式を表すものです。つまり名というのは、個人に属するというよりも共同体に属する、共同体が与えるわけです。自らが世に名のり出るというより、その共同体がその存在を迎え入れる、そういうニュアンスを持つのです。そこから人間というのは、個としては大きな意味を持たないという考えが出てくることになります。

人間は、一人でポツンとあるときには、その者は何の意味もない。その存在に意味を与えるのは、その共同体だという考え方がここにはあることになります。

そういう意味では、一番端的にはナチスドイツの宣伝相をしていたゲッペルスの言葉に、「個人としてのいのちには意味がない」というのがあります。ゲッペルスは、祖国のために戦死した兵士、国にその存在のすべてをささげるときに、はじめて存在に意味が与えられると言うのです。そのように、人間は個人としては無意味だという思想が主張されました。

辞書をとおして言えば、本来、名というものは、そういう意味を本質的に持っているということになります。名という字は、共同体によってその存在が受け入れられる、その儀式の形をかたどっているということです。

それから、「号」という字は、もとの字はで、祝禱を収める器の形であるに、下の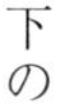は折れまがった木の枝をかたどったものだそうです。

この場合も、願いや祈りを書いた、その祝禱を神の前の器に入れてささげる。そしておもしろいことに、その器を木の枝でたたいている形が、「号」という字だと言われています。その箱をたたいて呵する、しかりつける。しかりつけて、祈りごとの実現を要求する、そういう字だそうです。これは神をもしかりとばず、神にかみつくほど、その願いというものに燃えた姿が号だと。叫びです、存在の叫び。存在が叫びとなったのが号です。それはもう、神をも呵せずにすまされないほどの願いというものに燃えた姿だということでしょう。

ですから名が号となるというのは、「名」はその願が存在になるということ。その願が存在を満たす。さらに「号」は、その存在を満たしして外にあふれ出る、そういう姿です。ですから名号という場合、その名のりが仏を満たし、仏からあふれ出るのです。

『唯信鈔文意』において、親鸞聖人が「名号」にわざわざ、

「号」は、仏になりたもうてのちの御《み》なをもうす。「名《みょう》」は、いまだ仏になりたまわぬときの御《み》なをもうすなり。（聖典五四七頁）

という釈をつけておられることとかかわって、そういうこともまた心にとどめていただければと思います。

八　世にあって自在ならん

次に聖覚法印は、

そもそも名号《みょうごう》をとなうるは、なにのゆえに、かの仏の本願にかなうとはいうぞというに、そのことのおこりは、阿弥陀如来《あみだにょらい》いまだ仏になりたまわざりしむかし、法蔵比丘《ほうぞうびく》ともうしき。そのときに、仏ましましき。世自在王仏《せじざいおうぶつ》ともうしき。（聖典九一七頁）

と、法蔵菩薩の歩みをそこからずっと述べられます。

その法蔵菩薩の歩みは、世自在王仏との出遇いからはじまる。つまり法蔵菩薩を貫くものは、世にあって自在ならんという、その名です、あるいはその願です。どこまでも世にあって自在ならんと。つまり本願の仏道というのは、一言で言えば、そういう世にあって自在ならんというところにその精神、いのちがあるのでしょう。もちろん、その場合の自在というのは、いちおう、古来押さえられてきていることから言いますと、ただ単に自由自在だということではありません。

この場合、自在というのは、まずひとつには「観境自在」で、それから第二は「作用自在」という意味があると言われています（澄観『大方広仏華厳経疏』）。観境自在とは、境を観ること自在である。要するにこれは、真如をあきらかにすること自在という意味がひとつありますけれども、同時に衆生を観ること自在という意味もあるのです。一方に法ということがありますが、一方に機ということがある。法を観ることと自在であると同時に、機を観ることも自在である。

大乗の経典はいろいろあります。それらはすべて「不誤道理」で、道理を正しく伝えるものです。たとえば、天台にしても、『法華経』などは、真如一実の道理というものを、最も誤たず説かれている。それが『法華経』です。しかし、人間の現実をあきらかにみるということにはなっていないのです。

『観経疏』で善導大師は、

ただよくこの経に依《よ》って行を深信する者は、必ず衆生《しゅじょう》を誤らざるなり。

（但能依此経　深信行者、必不誤衆生）　　　　（「信巻」聖典二一六頁）

と言われています。「不誤衆生」というのは、衆生を誤たない、人間を誤解しないということで、それを説くのが『観無量寿経』だと、善導大師は言われているのです。

観境自在というのは、そのような法と機という二つの面をもつわけです。

それから、二番目の作用自在というのは、もちろん衆生教化ですね。衆生を教化することが自在である。そこに見いだされた人間の事実、その現実に応えていくこと自在であるということです。しかもその場合、どこまでもその世においてです。つまり人間というものは世においてある者です。

親鸞聖人は、十九歳のとき、磯長の御廟で「日域は大乗相応の地なり」（「三夢記」『親鸞聖人行実』一六頁）という夢告を受けられたと言われています。この「日域大乗相応地」というのは、伝教大師も言われていることでありますし、源信僧都も言われていることです。ですから、何も今さら夢にみる必要もないような言葉です。むしろ比叡山が誇りをもって、大きな誇りをもって宣言していたのが「日域は大乗相応の地」という言葉だったのでしょう。

それを、親鸞聖人が十九歳のときに、深い悩みの末に夢告として聞きとられた。しかも夢告では、そのあとに「諦に聴け諦に聴け我教令を」とあって、あらためて教令として聞きとられたということなのです。それは言い換えますと、日域は大乗相応の地と言っているけれども、現実はとうにその意味を失っているということでしょう。では何を失ったかというと、日域を失ったのです。つまりその大乗の教理が、日域の現実と無関係になっているということです。

親鸞聖人は、そういう日域の現実に応えていこうとされた。あるいは日域の現実のなかにはたらく大乗を見つけようとされたのです。親鸞聖人は、聖徳太子を「和国の教主」と敬われています。それは聖徳太子が、この日本の現実のなかに、真実の仏道をあきらかにされたからです。聖徳太子は、日本の現実というものに深くかかわっていかれた、そしてさらにその現実を愛された。

聖徳太子は、国のいろいろなまつりごとを、「国家の事業を煩いとなす」（『維摩経義疏』）と言われています。ではそれを投げ出されたかというと、「但し大悲息むことなく志し益物に存す」（『維摩経義疏』）と言われているのです。つまり、そこに和国という意味があるのです。国に埋没しているのではない、それを煩いとなすという眼をもって、しかも衆生益物で、人びとの苦悩のためにはたらくということをされる。人びとの苦悩から目をそらさないということによって、和国の教主と呼ばれるわけです。

『正像末和讃』の「皇太子聖徳奉讃」には、

上宮皇子《じょうぐおうじ》方便《ほうべん》し　和国《わこく》の有情《うじょう》をあわれみて
如来《にょらい》の悲願を弘宣《ぐせん》せり　慶喜奉讃《きょうきほうさん》せしむべし（聖典五〇八頁）

と、「和国の有情をあわれみて」とあります。また『高僧和讃』の「源空和讃」を見てみると、

本師《ほんじ》源空世《よ》にいでて　弘願《ぐがん》の一乗ひろめつつ
日本一州《にっぽんいっしゅう》ことごとく　浄土の機縁《きえん》あらわれぬ
善導源信《ぜんどうげんしん》すすむとも　本師《ほんじ》源空ひろめずは
片州《へんしゅう》濁世《じょくせ》のともがらは　いかでか真宗をさとらまし（聖典四九八頁）
粟散片州《ぞくさんへんしゅう》に誕生《たんじょう》して　念仏宗をひろめしむ
衆生化度《けど》のためにとて　この土《ど》にたびたびきたらしむ（聖典四九九頁）

とあります。そこには、「日本一州ことごとく」とか、「片州濁世のともがらは」、それから「粟散片州に誕生して」とあります。そのように、現実の国、和国、日域ということが、強調されていると言いますか、注意されています。

そういうように、具体的な世間において自在ならんとするのです。聖道門は、世間を出て自在なのです。つまり出世間で、世間を離れることにおいて、その仏道に自在ならんということにとどまったわけです。それに対して本願念仏の仏道というのは、その歴史を貫くもとにあるものは、世自在ならんという願心だったのです。そして、その世自在ならんという願心を貫くもの、それを掘りおこしてきた名が法蔵です。そして、その法蔵菩薩の歩みというものが、いわゆる国土建立の願という歩みとして歩まれるわけです。

四、浄土建立の願い

一　法蔵菩薩の願心の歩み

『唯信鈔』に戻りますと、

法蔵比丘すでに菩提心《ぼだいしん》をおこして、清浄《しょうじょう》の国土をしめて、衆生《しゅじょう》を利益《りやく》せんとおぼして、仏のみもとへまいりてもうしたまわく、「われすでに菩提心《ぼだいしん》をおこして、清浄《しょうじょう》の仏国《ぶっこく》をもうけんとおもう。ねがわくは、仏、わがために、ひろく仏国を荘厳《しょうぎょう》する無量の妙行《みょうぎょう》をおしえたまえ」と。（聖典九一七頁）

と言われます。

法蔵菩薩の出発は、世自在王仏のみもとで聞法歓喜して、国をすて王位をすててはじまった歩みです。

『無量寿経』には、

時に国王ましましき。仏の説法を聞きて心に悦予《えつよ》を懐《いだ》き、尋《すなわ》ち無上正真道《むじょうしょうしんどう》の意《こころ》を発《おこ》しき。国を棄《す》て、王を捐《す》てて、行じて沙門《しゃもん》と作《な》り、号して法蔵《ほうぞう》と曰《い》いき。（聖典一〇頁）

とあるように、「棄国捐王《きこくえんおう》」ということからはじまっているわけです。しかもそこに、求め歩まれたその願い、願心の歩みは国土建立の願です。

法蔵菩薩の願心の歩みというのは、「国を棄て、王を捐てて（棄国捐王）」ということから出発しています。そして、国土建立の願に生きるという歩みがはじまるわけです。国土の建立ということになると、棄てた国と願っている国の違いということが問われてくるわけです。それについては、私は『浄土論註』の「主功徳の文」にひとつの手がかりを見ているわけです。

『浄土論註』の「主功徳の文」には、

有る国土を見そなわすに、羅刹《らせつ》を君《きみ》と為すは、則ち卒土《そつど》あい噉《たん》す。宝輪殿《ほうりんでん》に駐《とど》まれば、則ち四域虞《おもんぱかり》なし。（真聖全一、二九四頁）

と、こういう対比がされています。この文の意味は、「ある国では羅刹を国王としていて、その国では人びとが食べられてしまう。それに対して、転輪聖王が宝輪を宮殿にとどめて国を治めれば、世は平和に治まる」という意味です。このように、棄てるべき国と願うべき国が明らかにされているのです。

もともと国家というのは、むずかしい問題です。人間というのは、個人では生きられないということがあり、おのずと集団をつくる。その集団がいろいろな経緯をとおって、国家という形になってくるわけです。

アリストテレスが「人間は国家の外にあっては神か動物にならねばならない」ということを言っています。人間は、国家の外にあっては、まったくの超越的な存在になるか、それとも逆にお互いに殺しあう弱肉強食の動物になるほかないということを言っています。

その場合の人間というのも、また問題ですけれども、いちおう神でもなく動物でもなく、人間としての生活を可能にしていくひとつの形態が国家だというようにも言えるわけです。

そのように私たちは、国家なしには生存しえないのです。ところが同時に国家は、必ず個人の自由というものと対立するわけです。そこでいろいろな考え方で、その問題を解決しようとしてきました。ひとつには、契約説というのがあります。これは古い国家理論ですが、個人が自由の一部を国家組織に売りわたす。そのかわりに、国家という組織が個人を守る。これが契約説で成り立った国家です。

それとは違って、ひとつの絶対権力をもってこれを統一していく国もあれば、民主制によって成り立っている国もあるわけです。いずれにしても、社会主義国家にしろ民主主義国家にしろ、ある意味で人類は理想の国家というものをまだ持ちえていないということがあるわけです。いずれにしても、そこにいろいろな問題をかかえているのです。

田中美知太郎先生は、「国家は人工の極致である」という言い方をしておられます。人知の限りを尽くして、その統一というもの、さらには維持ということを計っている。それがおうおうにして、権力者の人知の限りということになってしまっている。

『浄土論註』の、

羅刹を君と為すは、則ち卒土あい噉す。宝輪殿に駐まれば、則ち四域虞なし。（真聖全一、二九四頁）

の文について、香月院深励師は、「国中が安穏におさまるも、また乱れるも、その治乱の本は天子御一人じや」と、『註論講苑』のなかで言われています。しかし主功徳の文を見ますと、そういう文にはなっていない。

「羅刹」に対して「聖王」ということであれば、これは香月院師の言われるように、凶暴な君主をもった国は、その国中がお互いに争いあうと。しかし慈悲深い、高潔な人が君主になっている国はその「四域虞なし」ということになる。「虞なし」というのは何の不安もないということです。もしその「羅刹」に対して「聖王」なら、結局人によるということになり、その国の乱れるのも治まるのも、その君主の人格、人間としての偉大さに左右されるということになるのでしょう。

しかし、そうではないのでしょう。どれだけ偉大な人であっても、人によるというときには、必ず羅刹になるという問題があるのです。程度の違いとか、力の違いということはありましても、ひとりの人間に対する国のかかわり方というものは、羅刹的なものになっていくということがあると思います。

ですから曇鸞大師は、ここで「聖王」と言わずに、「宝輪」と言われているのです。その宝輪というのは、転輪聖王が法を伝えていくときに乗る車です。金・銀・銅・鉄の四つの車を持っているのだそうですが、その金・銀・銅・鉄でできた宝輪を転じて、正法を人びとの間に流布せしめていく。その意味で宝輪というものをもって、仏法の世界を象徴しているわけです。この宝輪というところには、三宝ということがみられてくるわけです。この仏教の世界というのは、この三宝を出ないわけです。

三宝という場合、仏宝と法宝の二つで完結しているわけです。仏がさとった内容が法であり、法をさとった者を仏というのですから、その仏と法ということで完結した円環が成り立つわけです。その意味で三宝と言いましても、仏・法・僧と三つ横にならんでいるのではないのです。

つまり、仏法というものを破って出るという形で、僧宝があるのです。つまり僧宝というのは異質な存在。そういう異質な存在のうえに歩み出る。そして、異質な存在をつつもうとする。そういう展開があるのです。ですから僧宝のあり方において、その仏法というのが問われてくるのです。僧宝というのは、僧伽とも言われるわけですけれども、もちろんこの僧は、いわゆる僧侶ではありません。僧伽ですけれども、どうもへたをしますと、その僧伽を自己完結したものとして固めようとする、あるいは固執しようとする私たちの意識があるのです。つまり、僧伽を信順者の集まりと考えて、それで固めようとするのです。しかし信順者だけが集まって、そういう信順者の集まりを僧伽と言うなら、僧伽というのはまことにやせ細ったものでしかありません。どれほど組織として強大になろうと、狭いものになり広がりなく終わるのでしょう。

二 異質なる存在に対して開いていく

ですから仏法は、限りなく異質なる存在に対して開いていかないといけないのです。仮・偽に対して開いていかなければいけない。親鸞聖人は、常に真・仮・偽と言われ、

「真仏弟子」と言うは、「真」の言《ごん》は偽《ぎ》に対し、仮《け》に対するなり。
（「信巻」聖典二四五頁）

と言われています。

ですから、仮・偽に対するということのないような真は、真ではないのです。仮・偽を排除するようなものは真ではない。どこまでも仮・偽に対する。対するというのは、そこにやはり対峙し対応するということがあるのでしょう。応えるということがある。

善導大師の「二河の譬喩」の文について、親鸞聖人は『愚禿鈔』で、

「常に悪友《あくう》に随《したが》う」というは、

悪友は、善友に対す、雑毒虚仮《ぞうどくこけ》の人なり。

「無人空迥《むにんくぎょう》の沢と言うは、悪友なり、真の善知識《ぜんじしき》に値《あ》わざるなり。」

真の言は、仮《け》に対し偽《ぎ》に対す。
善知識《ぜんじしき》は、悪知識《あくちしき》に対するなり。
（聖典四五三頁）

このように言われています。

ここでは「無人空迥の沢と言うは、悪友なり、真の善知識に値わざるなり。」とありますが、これはもとの「二河の譬喩」と照らしあわせてみると、親鸞聖人の独特の見方であることがわかります。二河の譬喩では、

「無人空迥《むにんくぎょう》の沢《さわ》」というは、すなわち常に悪友に随《したが》いて、真の善知識《ぜんじしき》に値《あ》わざるに喩《たと》うるなり。
（「信巻」聖典二二〇頁）

とあり、これがもとの善導大師の文です。

親鸞聖人は、『愚禿鈔』で、「常に悪友に随う」という言葉を先にそれだけ抜き出しておられます。そしてあらためて「無人空迥の沢というは」とされて、「常に悪友に随いて」と言うのではなく「悪友なり」と言われます。そして続けて、「真の善知識に値わざるなり」と言われます。

そしてその次に、「真の言は、仮に対し偽に対す」と言われ、この善知識について、こまかな吟味がなされて、

善知識《ぜんじしき》は、悪知識《あくちしき》に対するなり。
真善知識《しんぜんじしき》、正《しょう》善知識、実善知識、是善知識、善善知識、善性《ぜんしょう》の人なり。
悪の知識は、
仮《け》善知識、偽《ぎ》善知識、邪《じゃ》善知識、虚《こ》善知識、非善知識、悪知識、悪性《あくしょう》の人なり。

（『愚禿鈔』聖典四五三～四五四頁）

と言われています。

真は仮・偽、それから正は邪、実は虚、是は非、善は悪というように、善の善知識と悪の知識との対比がされていますが、この場合も、「真善知識」という言葉が、「仮善知識、偽善知識」という言葉に対していいます。このように、親鸞聖人は、仮と偽に対するものが真だとされます。もっと主体的に言えば、真の善知識に遇わせるものは悲歎だということです。自分自身が、仮・偽以外の何ものでもないという悲歎、そのような仮・偽なるものとしての悲歎のほかに、真に出遇わしめるものはないのです。

親鸞聖人は、「一闡提」を非常に問題にされます。その「一闡提」というのは、「愁悩を生ずる者なし」（「信巻」聖典二〇九頁）、悩みを生ずることのない者ということです。この一闡提に応えるものが、「唯除の文」なのです。この「唯除の文」については、『尊号真像銘文』に親鸞聖人の釈があります。

「唯除五逆《ゆいじょごぎゃく》　誹謗正法《ひほうしょうぼう》」というは、唯除というは、ただのぞくということばなり。五逆《ごぎゃく》のつみびとをきらい、誹謗《ひほう》のおもきとがをしらせんとなり。このふたつのつみのおもきことをしめして、十方一切の衆生みなもれず往生すべし、としらせんとなり。（聖典五一三頁）

そこに「唯除というは、ただのぞくということばなり」とあります。「のぞくこころ」ではないのです。除く心は、切り捨てる心です。そこに「ことば」と言われていますが、これは大河内了悟先生の言葉ですが、「ことばというのは、その除けない心で除くということばなんだ」と言われました。つまり、おまえなんか勘当だというその叫びには、悲しみ、怒り、そういうものがこもっていて、見捨てることのできない心で叫んでいるということです。

次に、「誹謗のおもきとがをしらせんとなり。このふたつのつみのおもきことをしめして、十方一切の衆生みなもれず往生すべし、としらせんとなり」とあり、その知らせんとする叫びだということです。そのことは、さらに言いますと、「唯除の心」というのは、その本人より先にその本人のあり方を深く悲しむ心なのです。勘当というのは、その息子より先に息子の心を悲しむ、息子の生き方を悲しむ心なのでしょう。

実はそういう、自分よりも先に自分よりももっと深く、自分のことを悲しんでいてくれた心、そういうものにふれた者だけが、自らを悲歎する心を持つことができるのでしょう。自分で自分を悲歎するということは、ありえないですね。私より以上に私を悲歎してくれていた心にふれたとき、そういう心にふれて「自らを悲歎する心」を持った者だけが、真仏弟子にちかづいていくのでしょう。

そういうように、仏宝・法宝の世界を破って歩み出るところに、僧宝の展開があるのです。仏宝・法宝とならんで僧宝があるのではないのです。仏宝・法宝を破って出るものです。それは言い換えますと、この仏宝・法宝に立つ者が、自らをよしとすることのないあり方です。親鸞聖人は、

信順を因とし疑謗《ぎほう》を縁として、　（「後序」聖典四〇〇頁）

と言われます。その「疑謗を縁として」という、親鸞聖人の言葉を受けて、曽我量深先生が、「浄土真宗の歴史は信順と疑謗のその常恒不断の戦いの歴史」だと言われました。

疑謗というのは、信順から出発しているのです。信のないところに、疑謗などというものはないのです。ですから親鸞聖人は、信心の深まりというのは疑謗の深まりだと言われています。

だいたい、信じるなどということは、きれいさっぱり信じきって、いささかの疑いもないということで

はないのです。グアルディーニでしたか、

信仰とはおのれの疑いにたえてゆく能力であり、おのれが発する問いかけとともに生きていくことが、できるほど、それほど強く信ずることである。

という言い方をしています。

三　四信としての信心の深まり

親鸞聖人は、『愚禿鈔』で、「四信」として信心の深まりというものをあげておられます。

四信とは、
一に往生《おうじょう》の信心　凡夫の疑難なり。
二に清浄《しょうじょう》の信心　地前の菩薩・羅漢《らかん》・辟支仏《びゃくしぶつ》等の疑難なり。
三に上上の信心　初地已上十地已来の疑難なり。
四に「畢竟《ひっきょう》じて一念疑退《ぎたい》の心を起こさざるなり。」
報仏化仏の疑難なり。
（聖典四四三～四四四頁）

具体的には、「上上の信心」に対する「初地已上十地已来の疑難」というのは、比叡山で共に学んだ、その人びとの疑難でしょう。「報仏・化仏の疑難」というのは、比叡山で学んだ仏法からの疑難でしょう。こういう言葉にも、やはり親鸞聖人の生涯の歩みがあるわけです。その山をすてるということは、そういう山の菩薩、山の仏法からの疑難のなかを生きることですね。しかもその場合、四信と言いながら、往生の信心、清浄の信心、上上の信心とあって最後は信心ではないのですね。「畢竟じて一念疑退の心を起こさざるなり」、信という言葉では表せないようなものなのでしょう。信と言えば、ひとつの決定したものを予定するわけですが、最後は「畢竟じて一念疑退の心を起こさざるなり」と、生涯かけて一念疑退の心を起こさない。起こさないということは、常に一念疑退の心といっしょにあるということなのです。そういうものをまったく切りすてってしまっていれば、このように言う必要はないわけです。

私たちはそのように、一念疑退の心を起こさせるなかに生きているということです。ですから、前に述べた『浄土論註』の「宝輪殿に駐まる」という、その宝輪というのは、限りなく自らを破って異質なものに出遇っていく。さらに言えば、背く者に応えていく、そういう法において応えていく。そういうところに、この宝輪という意味があるのでしょう。

それに対して、人が主であるときには、必ず羅刹になるということが、そこに押さえられているかと思います。ですから、その建立せんとする国土というときに棄てられた国というのは、『無量寿経』の証信序で、

国の財位を棄《す》てて山に入りて道を学したまう。（聖典三頁）

とあるように、王とか位というものに結びついている国です。財とか位とか、王というものと結びついていると言いますか、そういうものによって開かれている国、統治されている国というものを棄てる。

そしてそこに建立される浄土は、「刹」という言葉で言われます。刹は梵語 kṣetra の音写で漢訳は土・国土です。建立せんとする国というのは、具体的には願心のはたらく範囲であり、願心の宿る世界なのです。言い換えますと、そこにおいて人びとが願心に出遇い、その願心において人びとと出遇う世界なので

す。

『平等覚経』に、

吾等《われら》が類《たぐい》、この徳を得ん。もろもろのこの刹《くに》に好《よ》きところを獲《え》ん。（「行巻」聖典一六〇頁）

とあります。そこに「吾等、この徳を得ん」ではなくて、「吾等が類、この徳を得ん」とあります。この類という言葉は、先ほどの真仏弟子ですね。

親鸞聖人は、「信巻」の「真仏弟子釈」の引文として、第三十三願と第三十四願を引いておられます。その第三十三願と第三十四願には、

設《たと》い我《われ》仏を得たらんに、十方無量《じっぽうむりょう》・不可思議の諸仏世界の衆生《しゅじょう》の類、我《わ》が光明を蒙りて（第三十三願）（聖典二四五頁）

設《たと》い我《われ》仏を得たらんに、十方無量《じっぽうむりょう》・不可思議の諸仏世界の衆生《しゅじょう》の類、我《わ》が名字を聞きて（第三十四願）（聖典二四五頁）

と、この二願にだけ「類」という言葉があるのです。これは普通に「十方無量不可思議の諸仏世界の衆生、我が光明を蒙りて」、また「十方無量不可思議の諸仏世界の衆生、我が名字を聞きて」でいいのです。それで意味は十分通じる。ところが、そこにわざわざ「衆生の類」と、類という言葉がおかれているのです。

第三十三願は、「触光柔軟の願」、第三十四願は、「聞名得忍の願」です。そういう光に触れ、名を聞くということにおいて開かれる世界は類を見いだすのでしょう、友を見いだすのです。そういう国が、浄土建立の願いのなかで願われた国だということです。

四　心中所欲の願

『唯信鈔』に戻ります。聖覚法印は、

そもそも名号《みょうごう》をとなうるは、なにのゆえに、かの仏の本願にかなうとはいうぞというに、そのことのおこりは、阿弥陀如来《あみだにょらい》いまだ仏になりたまわざりしむかし、法蔵比丘《ほうぞうびく》ともうしき。そのときに、仏ましましき。世自在王仏《せじざいおうぶつ》ともうしき。法蔵比丘すでに菩提心《ぼだいしん》をおこして、清浄《しょうじょう》の国土をしめて、衆生《しゅじょう》を利益《りやく》せんとおぼして、仏のみもとへまいりてもうしたまわく、「われすでに菩提心《ぼだいしん》をおこして、清浄《しょうじょう》の仏国《ぶっこく》をもうけんとおもう。ねがわくは、仏、わがために、ひろく仏国を荘厳《しょうごん》する無量の妙行《みょうぎょう》をおしえたまえ」と。そのときに、世自在王仏、二百一十億《にひゃくいちじゅうおく》の諸仏の浄土《じょうど》の人天《にんでん》の善悪《ぜんあく》、国土《こくど》の麁妙《そみょう》をことごとくこれをとき、ことごとくこれを現じたまいき。法蔵比丘これをきき、これをみて、悪《あく》をえらびて善《ぜん》をとり、麁《そ》をすてて妙《みょう》をねがう。たとえば、三悪道《さんまくどう》ある国土をば、これをえらびてとらず。三悪道《さんまくどう》なき世界をば、これをねがいてすなわちとる。自余《じょ》の願《がん》も、これになずらえてこころをうべし。このゆえに、二百一十億の諸仏の浄土《じょうど》の中《なか》よりすぐれたることをえらびとりて、極楽世界《ごくらくせかい》を建立《こんりゅう》したまえり。たとえば、やなぎのえだに、さくらのはなをさかせ、ふたみのうらに、きよみがせきをならべたらんがごとし。これをえらぶこと一期《いちご》の案《あん》にあらず。五劫《ごこう》のあいだ思惟《しゆい》したまえり。

（聖典九一七～九一八頁）

このように言われています。

ここで、願われた国土というものについて、聖覚法印は、「二百一十億の諸仏の浄土のなかからいいところをとって、わるいところをすて、そのいいところを集めて自らの国とした」とされています。しかし、はたしてそうなのかです。どれほどいいとこ取りをしても、寄せ集めは寄せ集めでありまして、寄せ集めの飾りつけほどわびしいものはないでしょう。法蔵菩薩の願心の歩みがそういうことであるとすると、はなはだ納得がいかないわけです。

『無量寿経』を見てみますと、

ここに世自在王仏、すなわちために広く二百一十億の諸仏刹土《せつど》の天人の善悪、国土の麁妙《そみょう》を説きて、その心願に応じてことごとく現じてこれを与えたまう。時にかの比丘《びく》、仏の所説の厳浄《ごんじょう》の国土を聞きて、みなことごとく覩見《とけん》して、無上殊勝《しゅしょう》の願を超発《ちょうほつ》せり。その心寂静《じゃくじょう》にして、志《こころざし》着《じゃく》するところなし。一切の世間に能《よ》く及《およ》ぶ者なけん。五劫《こう》を具足《ぐそく》して、荘厳仏国《しょうごんぶっこく》の清浄《しょうじょう》の行を思惟《しゆい》し摂取《せっしゅ》す。

（聖典一四頁）

とあります。そして、

時に法蔵比丘《ほうぞうびく》、二百一十億の諸仏妙土《みょうど》の清浄《しょうじょう》の行を摂取《せっしゅ》しき。

（聖典一五頁）

とあります。この『無量寿経』の文から言いましても、それはけっして、善妙なるところだけを集めてきて、自分の国を荘厳したというようなものではないと思います。

そして古い経典ですが、『大阿弥陀経』を見ますと、ここのところが、

其の仏即ち、二百一十億の仏国土の中の諸天・人民の善悪、国土の好醜を選択して為に心中所欲の願を選択せしむ。

（真聖全一、一三六頁）

こういう言葉になっています。

『大阿弥陀経』の場合も、けっして諸仏の国土、その人民の善悪や国土の好醜を選択して、その善いところだけを集めて国をつくると、そういうようには書いていないですね。ここで言われる、「心中所欲の願」というのは、法蔵比丘自身の心中所欲の願です。つまり諸仏の歴史、諸仏の国土を観見するということは、実は自己の内なる願心というものの具体的な自覚を与えられるということです。つまり歴史において自己を知るのです。

いわゆる歴史観とか世界観というのは、歴史についての知識を持つとか、世界についての知識を持つということではないのです。歴史観というのは、歴史を知り世界を知ることにおいて生きる、そういう自らが歴史に生き自らが世界に生きる、その眼を持ち歩みを持つということが、歴史観を持ち世界観を持つということです。ですから、その自らの歩みを持つということのないところに、観見ということはないのです。ですから、「観見諸仏国土」と、観見せしめるということは、そういう歴史観、世界観を持つということと同じことを意味するわけです。

ですから、そういう心中所欲の願をあきらかにした、『観無量寿経』の韋提希の別選という場合も、

その時に世尊、眉間《みけん》の光を放ちたまう。(中略)十方諸仏の浄妙《じょうみょう》の国土、みな中において現ず。

(聖典九三頁)

とあり、釈尊がその眉間から光を放って、韋提希に諸仏の国土を見せしめたもうたのです。そのなかから、いいとこ取りをするのではない。その諸仏の国土を生み出しているもとに帰るという、意味を持つわけです。

それで、韋提希は、

時に韋提希《いだいけ》、仏に白《もう》して言《もう》さく、「世尊、このもろもろの仏土、また清浄《しょうじょう》にしてみな光明ありといえども、我いま極楽世界の阿弥陀仏《あみだぶつ》の所《みもと》に生まれんと楽《ねが》う」。

（聖典九三頁）

と、阿弥陀仏の浄土を選ぶわけです。そこに「極楽世界の阿弥陀仏の所」という言葉で言われていますが、それはつまり、そういう諸仏の国土を生み出している願心、その願心の世界に生まれんと欲うということを意味するわけです。

ですから、この『唯信鈔』の聖覚法印の文章というのは、もうひとつ納得のいかない文章と思われます。こういう点は、この『唯信鈔』を通じて、あちこちに出てくるわけです。やはりそこには、聖覚法印における浄土というものの受け止めが、表面的と言いますか、いわゆる対象的に求められている世界像という傾向があるように思われます。そういう視点で、この「観見諸仏国土」ということ、法蔵菩薩の選択ということを『唯信鈔』では見られていないわけです。

五　いのちが持っている必然的な叫び

『浄土論』においては、荘厳三種功徳成就で、水・地・空という荘厳が説かれています。水功徳というのは、

宝華千万種《ほうけせんまんじゅ》にして、池・流《る》・泉《せん》に弥覆《みふ》せり。微風《みふう》、華葉《けよう》を動かすに、交錯《きょうしゃく》して光乱転《ひかりらんでん》す。

（宝華千万種　弥覆池流泉　微風動華葉　交錯光乱転）

（『浄土論』聖典一三六頁）

とあります。

　ここには、千万種の宝の華が池の面を覆っている。そしてそよ風が吹いてくるとその華をゆるがし、光が入り乱れるというように、非常に美しい表現がなされています。この偈文について、曽我量深先生は、「仏教の歴史観」ということを押さえておられるわけです。仏教の歴史観というのを、この水功徳であきらかにされると言われています。宝の華が池の面を覆って、光が照りはえているというのが、どうして仏教の歴史というものになるのでしょう。仏教の歴史とは何か、仏教とは何かというと、それはやはり宝華を生み出してきた歴史なのです。宝華というのは、つまり一人《いちにん》の仏者です。その一人の仏者が生まれたというところに歴史があるのであって、それ以外の、何年にだれがどうしたこうしたというのは仏教の遺跡にすぎません。これは、蓬茨祖運先生の言葉ですが、それは仏教の遺跡の歴史であって、生きた仏教の歴史ではないと言われています。仏教の歴史とは、次から次へと、そういう宝華、仏者が生み出されてきた歴史が、真の仏教の歴史なのです。

　そして地功徳というのは、

　　宮殿《くでん》・もろもろの楼閣《ろうかく》にして、十方《じっぽう》を観《み》ること無碍《むげ》なり。（宮殿諸楼閣　観十方無碍）

（『浄土論』聖典一三六頁）

です。ここに、「二百一十億の諸仏国土の観見」ということがふくまれているわけです。

　前の「水功徳」は歴史観で、この「地功徳」は世界観です。そしてその「地功徳」のところで、『浄土論註』に、

　　探湯不及《たんとうふぎゅう》の情《じょう》、自然に成就す。（探湯不及之情自然成就）

（真聖全一、三一二頁）

と言われています。ここにある「探湯不及の情」というのは、『論語』の言葉で、「悪をみては湯を探るが如し、善をみては及ばざるが如くす」という言葉によっているわけです。この『論語』の言葉は、「悪を見たときには、ただちに自分も見習わなければ及ばないというように励む」と、そういう意味です。そして、人の善を見たときには、熱湯に手をつけたときのように、あれこれ思う前にすぐに手を引く。そういう意味です。

『浄土論註』では、地功徳のところに、諸仏の国土を観見して、そこに「探湯不及の情」を持つと言われるのです。香月院深励師の講録を見ますと、「浄土は勧善懲悪の世界だ」というような解説がされています。つまり、「湯を探るが如くに、悪から身を引き、及ばざる心において善をつとめる」と、そういう心を生み出すのが浄土だと言われるわけです。こういう言い方で説明されていますが、それならば浄土というのはまったく道徳の世界ですね。

「探湯不及の情」というのは、そういうものではないのでしょう。私には「探湯不及の情」という言葉が、『大阿弥陀経』の「心中所欲の願」という言葉と重なるように思えるわけです。つまり「探湯不及の情」というのは、人間本来の情でしょう。人間として最も自然、人間としての本来の心なのです。やはり悪いことをすれば、いやな気持ちを持つ。けっしてはればれとした気持ちにならないのが人間ですね。そこにやはり探湯不及、悪から身を引き、すこしでも善をなそうとするのは人間としてのおのずからなる情というものでしょう。

その最も自己の本来の心に帰る、自己の最も自然な心に帰るという意味をそこにもつのでしょう。「心中所欲の願」というのも、そういう私のいのちがかかえている願いです。生まれながらにしてかかえている願いがあるのでしょう。つまり、いのちそのものがかかえている願いです。自意識が芽ばえてからの、自意識においておこした願いというのは、自我を中心にして、いろいろな願いを立てているわけですけれども、しかしその底に、いのちそのものがかかえている願いがある。ですから意識が満足しても、存在が満足しないということがある。つまり、自分が追い求めたものが全部満足したにもかかわらず、むなしいということがおこる。すべてに満ち足りて、しかもむなしいという。そういうことがおこってくるのは、いのちそのものがひとつの願いを持つからでしょう。仏教から言えば、その願いそのものを、いのちというのです。いのちというものがあるわけではないのです。

仏教で言えば、自然《じねん》という言葉がありますが、まさにその自然の情に帰るのでしょう。浄土は自然の浄土です。自然ということは、逆に言えばそのいのちの必然性です。そのいのちにとって最も必然的なものが、最も自然なものですね。そのいのちにとって必然的なものということから言えば、それが心中所欲の願なのです。

心中所欲の願というのは、いのちが持っている必然的な叫びです。そういうものに目覚め、そういうものに生きようとするのは、探湯不及の情です。最も人間にとって自然な心なのです。その意味では、その人間としての自然なあり方というのがまた問われてきますけれども、ひとつの理論とか理想というもので動いていくという、そういう生き方ではなしに、深く自己の自然、人間の自然に根ざした生き方というものが、いよいよ何かこう問いかえされているのではないか、そういうものが求められる、たずねられているのではないか、そういうことも思います。

六　一切の恐懼のために大安を作さん

次に、

かくのごとく、微妙厳浄《みみょうごんじょう》の国土をもうけんと願《がん》じて、かさねて思惟《しゆい》したまわく、国土をもうくることは、衆生をみちびかんがためなり。

（『唯信鈔』聖典九一八頁）

とあり、ここで、「国土をもうくることは、衆生をみちびかんがため」と言われています。いかなる仏といえども、仏であるかぎり必ず国土を成就しておられるわけです。諸仏におきましては、浄土というのは、その仏の境界です。仏がその身に成就した境界が、その仏の国土として開かれているわけで、必ずしも衆生を導くためということではないわけです。ではなぜ、国土をもって衆生を導かんとされるのでしょう。言い換えれば、国土がなぜ衆生にとって導きの場になりうるのでしょうか。そういう問題が出てくるかと思います。

これはもちろん、聖覚法印が突如として言われたわけではありません。もともとは、『無量寿経』に言われていることです。

「嘆仏偈」を見てみますと、

吾誓《われちか》う、仏を得んに、普《あまね》くこの願を行《ぎょう》ぜん。一切の恐懼《くく》に、ために大安《だいあん》を作《な》さん。

（吾誓得仏　普行此願　一切恐懼　為作大安）

（聖典一二頁）

とあり、法蔵菩薩の志願が「一切の恐懼のために大安を作さん」というものであることが明らかにされて

います。そういう志願を成就するために、

我《われ》仏に作《な》らん、国土をして第一ならしめん。その衆、奇妙《きみょう》にして、道場《どうじょう》、超絶《ちょうぜつ》ならん。国泥洹《ないおん》のごとくして、等双《とうそう》なけん。

（令我作仏　国土第一　其衆奇妙　道場超絶　国如泥洹　而無等双）（聖典一二頁）

国土第一ならんと言われるように、最勝の国土を建立されたのです。そしてその国土最勝、国土第一ということをとおして、

我当《われまさ》に哀愍《あいみん》して、一切を度脱《どだつ》せん。十方より来生《らいしょう》せんもの、心悦《こころよろこ》ばしめて清浄《しょうじょう》ならん。すでに我が国に到《いた》りて、快楽安穏《けらくあんのん》ならん。

（我当哀愍　度脱一切　十方来生　心悦清浄　已到我国　快楽安穏）（聖典一二～一三頁）

と衆生化益を果たそうとされているのです。

ここに、国土をとおして衆生化益を成就しようということが誓われているわけです。つまりその国土最勝たらんという願いは、ただ自分の国を立派にしたいということではないのです。「嘆仏偈」で言えば、「十方より来生せんもの、快楽安穏ならん」というもので、十方より来生する衆生をすべて快楽安穏ならしめんという、そういう国土を成就しようというものなのです。ここに国土をもって一切の存在を快楽安穏にするということがあるのです。

「嘆仏偈」の結びは、

我が行、精進《しょうじん》にして、忍《しの》びて終《つい》に悔《く》いじ。（我行精進　忍終不悔）（聖典一三頁）

と言われていて、この「忍びて終に悔いじ（忍終不悔）」というのが、願の精神を表す言葉なのでしょう。

「忍びて終に悔いじ（忍終不悔）」ということは、何を悔いないのか、何を忍ぶのかというと、自らが願い、願ったごとくに力を尽くしたにもかかわらずすべてが徒労に終わる。その空しく終わることに堪え忍ぶ、しかも悔いない、これが願です。

成就しなければやめたというのであれば、つまり願ったとおりに結果が出ず、願ったとおりに評価されないときにはやめたというのなら、それは自分の夢にすぎないのです。夢を追っているだけ、夢に生きているだけです。それは、願というには値しないのでしょう。つまり願というのは、一切が徒労に終わると知っても、なお願わずにはいられないものなのです。

ともかく国土をとおして、衆生の化益を願うということが、「嘆仏偈」にうたわれている。ですから「国土をもうくることは、衆生をみちびかんがためなり」という『唯信鈔』の言葉というものは、経典のうえに求めるならば『無量寿経』、直接にはこの「嘆仏偈」のうえにたどることができるかと思います。

その場合に、この国土最勝、この国土第一という偈文を、諸仏の国と比較して我が国が第一であろう、つまり最勝であろう、こういうようにだいたい分科されているのです。けれども「嘆仏偈」における国土第一という言葉、国土第一ということは、そういう他の国ぐにに対して第一であろう、最勝であろうということ、そういうことなのかということです。偈文の前後から見て、そういう意味もふくまれてくるのでしょう。けれどもその展開は、『唯信鈔』の「国土をもうくることは、衆生をみちびかんがためなり」という言葉をふまえて言えば、この国土第一の第一というのは、第一義ということです。つまり国土という問題こそが、人間にとって第一義の問題であるという意味を持っているのではないかと思うのです。

つまり人間はその根本において、国土というものを求めている存在だということです。今日の言葉で言えば共同体、共同体的な存在。それもまず一人ひとりがあって、その一人ひとりが集まって共同体をつくるということではなくて、個に先立って共同体があるのです。個が共同体をつくっていくのではない。そうではなくて、人間存在そのものがそのいのちの本質において共同体的な存在なのです。

カール・バルトという人は、人間関係の一番根本は、男と女という男女の関係だと言っています。人間の関係には、親子関係とか友人関係とかいろいろあります。しかし一番根本は男女の関係だということを、バルトは指摘しています。

男女の関係は、人間が本質的に隣人と共にいる存在だということです。つまり人間に男と女が存在しているということは、人間がそういう隣人と共存する者であるということを証している。その意味で男と女という関係が、人間関係の一番基本的な、そして根本的な関係だと言っています。

人間は、必然的に男と女という関係として存在しているのです。たとえば親子という関係は、ついにそういう関係を持たないままで終わる生き方はいくらでもあるわけです。親を持たない子というのはないでしょうけれども、子を持たない人というのはいるわけです。現代は独身のままでいる人も多くなってきましたから、親として子どもにかかわるという関係を、ついに持たないまま終わるという人はいくらでもあるでしょう。けれども男と女というのは、必ずどちらかとして生きるわけです。

そして男か女として生きるというときには、必ず男と女という関係を何らかの形で持つ。ですから個として存在するものではなく、他と無関係に自分ひとりとして存在しているものではない。つまりこういう形で、人間は単なる個として存在しているものではない。

また、キェルケゴールは、「人間というのは関係だ」と言っています。その自分のいのちが持っている関係にどのように関係していくか。自分のいのちが持っている関係というものに、自分がどう関係しているか、その関係の仕方というところに人格があるのです。そこに自己の具体的な人格があるわけで、関係を離れたところに人格はない。

やはり人間は、個として存在しているのではない、本来共同体的な存在、関係存在なのです。ですから、人間の救いと言いますか、人間の成就というものは、関係の成就でしか成り立たないのでしょう。そこにやはり、一番根本に国土という問題が関係してくるのです。いのちが持っている関係、いのちが関係として具体的に生きているということに、国土ということが根拠と言いますか、根っこを持っているということがあるわけです。

人間存在というものは、いのちの事実としての共同体的なかかわりのなかに生まれ出たものである。ですから人間と人間とのあいだに、真の出遇いが成り立ったときには、そこに必ずひとつのなつかしみを伴うのでしょう。

親鸞聖人は、「行巻」に『平等覚経』の文を引かれていますが、そこに、

今みなまた会《え》して、これ共にあい値《あ》えるなり。（今皆復会是共相値）（聖典一五九頁）

という言葉があります。そこに、出遇いというのは必ず「復会」、つまり再会だと言われます。真の出遇いは、必ず再会であると言われるのです。そこに人間としてのなつかしみ、十年来の知己のごとくという言葉があります。

七　衆生を導くための浄土建立

人間の生活の具体的なところでは、皆個々バラバラですけれども、しかし、いのちは個々バラバラではないということがあるわけです。

それこそ私たちの分別に立てば、思いは皆一人ひとり異なるわけでして、思いの世界にあっては、人間はバラバラにしかなりえないのでしょう。思いが合うところだけでひとつになる。つまりゲゼルシャフトと言うのですか、ひとつの共通した利益においてつながっている、そういう共同体ですね。

現実におきましては、共同体と言いましても、すべてがそういう利益共同体というものを超えられずにいるわけです。そういうなかで、それに従っていきいきと生きていけるかというと、やはり皆そこに息苦しいものを感じているわけですね。現実は確かに、そういう利益共同体的なつながりしか持てないであえいでいるのですけれども、しかしそのことに満たされないもの、その事実に疎外感を持ってあえいでいるものが私たちのなかにあるということがあるわけです。

そういう、人間のいのちというものは、単なる個人としての利益追求ということでは満たされないものを内にかかえて生きているのです。

衆生という言葉ですが、いろいろな言葉で定義されています。そのなかで「衆多の生死を流転する者」という意味が、衆生の一般的な定義としてあるわけです。けれども同時に、これは『法華文句』に出ております、「衆と共に、世にある者」です。「衆と共に世に生ずるがゆえに衆生と言う」という『法華文句』

の言葉があります。つまり、人間は人と共に生まれてきたのです。ポツンと私がいるのではない。生まれたときには、人間関係を持って生まれてきているのです。生まれて、それから人間関係をつくっていくのではないのです。ですから、衆と共に世に生まれると言われるのです。

生まれたということは、身と環境を持ったことだという言い方をされます。その場合の環境というのも、具体的には私をとりまく人間関係として、最も具体的であるわけですね。その意味ではやはり、人間というのは、衆と共に世に生まれる者ですね。

そういう衆生として、いのちを受けているということがあります。にもかかわらず、私たちは、理性と言いますか、仏教の言葉で言えば分別ということに立って、自己から出発していくわけです。自己を中心として、人間関係というものを開いていこうとする。

しかし他の存在もまた、同じように自己を中心にして関係を開いていこうとしていますから、当然、自我と自我とが対立し、分裂することがまぬがれがたいわけです。

実はそういうものを突破するものを、人類はさがしてきたのです。それは仏教もそして世界の思想も、人類の始めの頃から国という名で求め続けてきているのです。理想の国、神の国というのを、プラトンにしてもアリストテレスにしても求め続けてきている。世界の思想家のいきつくところは国家論です。

しかし、その国家ということについて、『無量寿経』では、

国を棄《す》て、王を捐《す》てて、行じて沙門《しゃもん》と作り、号して法蔵《ほうぞう》と曰《い》いき。
（聖典一〇頁）

と、国家というのは、「棄国捐王」とするものとして説かれているのです。これは『無量寿経』の一番最初の「八相示現」のところでも、

国の財位を棄《す》てて山に入りて道を学したまう。（聖典三頁）

と、やはり財位とか王、そういうものにおいて組織された国家というものは、すてるべきものとされています。ですから本当に求められる国というのは、人間が人間として、再会していける国なのです。すべての人間が共に再会する、お互いにそのいのちをうながしているものはひとつであったことが確認でき、それによって、共に出遇うことができる。そういうものが国土という形で説かれ、救済が語られている。それが『無量寿経』です。

『無量寿経』では、一切衆生の救いというものを国土として成就しようということが、説法を貫く基本の課題です。そういう意味で、「嘆仏偈」をとおして説かれる法蔵菩薩の別願、つまり四十八願では、国土をもって衆生の救いとしようという、その願心の歩みが明らかにされています。それがこの『唯信鈔』の言葉で言えば、「国土をもうくることは、衆生をみちびかんがためなり」（聖典九一八頁）ということになります。

安田理深先生は、「国土を教学したのが四十八願だ」という言い方をされています。法蔵菩薩の願というのは、『無量寿経』の異訳経典をふくめて見ると、二十四願、三十六願、四十八願と展開しているわけです。ただそのいずれにあっても、第一願は無三悪趣の願です。

その無三悪趣というのは、国を失った者の世界です。国を失えば、あとは自己で自己を守り主張して生きていくほかないわけです。国を失えば、それこそ地獄・餓鬼・畜生の名をもって呼ばれるような、あい対立し、背き合い、バラバラな世界になるわけです。そういう、国を失って生きている者、その苦難、苦痛というものを叫んでいる世界への願ですね。

四十八願の本願文は、「我が国に生まれんと欲え（欲生我国）」と誓われ、本願成就文では「彼の国に生まれんと願ず（願生彼国）」と説かれています。つまり、「我が国に生まれんと欲え」という本願が衆生のうえに成就したときに、衆生のこころに「彼の国に生まれんと願ず」という願生心が生まれるわけです。確かに、願の成就としてはそうでしょうけれども、実は本願の欲生我国の誓いに先立って、衆生の願生彼国という願心があるのです。ただしそれは、願生彼国という具体的な姿をとっているものではない。それは、具体的には、三悪趣というこの現実におけるいのちの苦痛として叫んでいるものなのです。求めているものが何かは、まだ定かではないのですけれども、求めずにはいられないもの、その叫びに「我が国に生まれんと欲え」という言葉で応えたのが四十八願だったのでしょう。

ですから、願生彼国というのは外から与えられたものではない、衆生の内なる叫びなのでしょう。内なる叫びだけれども、内なるゆえに自覚できない叫びなのです。内なるいのちの叫びが、欲生我国という本願の言葉をとおして、願生彼国と具体化してくるのです。

第十九願では、

心を至し願を発《おこ》して我が国に生まれんと欲《おも》わん（至心発願、欲生我国）（『無量寿経』聖典一八頁）

とあります。この第十九願の「至心発願」というのは、私たちのもがきですね。私たちは、生活をしているわけですが、その生活が単なる日暮らしになっている。そして何をしてきたか、自分の生活の全体をあげて何をしているのか、どこへ行こうとしているのかが定かでない。ただ一日一日を一生懸命あえぎあえぎ生きている。そういう私たちに、生活の全体、あるいは生活としての願心というものを呼びさましてきたのが第十九願です。

「至心発願」というのは、そういう生活の全体をあげて具体化されてくるのでしょう。そういうものをとおして、「欲生我国」という叫びが伝えられてきているのでしょう。そういうように、欲生我国の言葉をとおして、私たちは願生心というものを呼びさまされるのであって、新しく与えられるものではないのです。

だからこそ善導大師は、「定善義」で、

帰去来《いざいなん》、魔郷《まきょう》には停《とど》まるべからず。（「証巻」二八四頁）

と言われているのです。「帰去来（いざいなん）」ですから、国に帰るのです。

『唯信鈔』では、「衆生をみちびかんがためなり」と言われます。この「みちびく」というのは、上から、国土という形で、何か導いていくということではないのです。衆生自身のいのちの事実としての叫びというものを呼び覚ましてくるという形で、導くということが言われているのです。

そういう意味をこめた、「国土をもうくることは、衆生をみちびかんがためなり」という、この『唯信鈔』の言葉がひとつ注意されるわけです。

そして、『唯信鈔』では、国土が勝れているということは、一切の衆生を生まれしめるということにおいて成就するものだということをそこから展開しています。

八　自分になれる場を求める

安田理深先生が、よく言っておられたのですが、「人間は、単に在る存在ではなくて、成る存在だ」という言葉があります。人間は、今のあり方を超えて自分の求めているあり方、そういうあり方になろうとしているものだということがそこにあるわけでしょう。

実はそこに、人間は国を求めてきたということが、つまり自分が自分になれる場を求めてきたということがあるのです。

そのようにして私たちは、国を求めてきたわけです。いわゆる資本主義社会とか、共産社会だとかいうものは、本当の国というものを求めてきた営みのひとつであったものです。

しかし、それが形をとってみれば、やはり求めていたものではなかったということになる。今日、共産社会というものが、社会主義社会というものが崩壊していくという、一つの大きな歴史の激動を迎えているわけです。しかしそれは、資本主義社会が勝っていたということではないのでしょう。これは人間の利益追求、自由競争、何かそういう個人としての夢を燃やしているということであって、必ずしも人類が求めている国というものが、そういう形で応えられたということではないでしょう。

そのように、国を求めてしかも得られなかった歴史が、いわゆる人類の流転の歴史なのです。しかしそういう、人類の流転の現実に応えんとする願心の歩みとして、親鸞聖人は本願の歴史というものを見いだされたわけです。

本願の歴史として、五劫思惟とか、兆載永劫の修行というような言葉で、因位の修行ということが言われています。その歴史は、人類の流転の歴史と長さを等しくするのでしょう。

阿弥陀仏の別願、これは阿弥陀仏の独自の願です。それは国として自己を成就して、一切衆生の国として自己を成就しようという、そういう歩みであると親鸞聖人は押さえておられる。

第十二願の光明無量の願と第十三願の寿命無量の願は、法身である法の身の成就を誓われた願です。親鸞聖人は、この第十二願と第十三願を、真仏土の根拠とされています。つまり、第十二願の光明無量の願と第十三願の寿命無量の願は、どこまでも法身成就の願ですが、そういう法身成就の願をもって真仏土の国土の願だとされているということです。本来は如来自身の成就を誓われた願ですが、そういう如来自身の成就ということをもって、そのまま衆生の真仏土として成就しようという、つまり仏は仏自身をもって衆生の国になろうと誓われたということでしょう。

また第十七願の諸仏称揚の願というのも、いわゆる阿弥陀仏の名の成就を誓ったものですが、それは同時に国土の名の成就を誓ったものでもあるのです。『無量寿経』の異訳のひとつである『大阿弥陀経』を見てみますと、

第四に願ずらく、「それがし作仏《さぶつ》せしめん時、我《わ》が名字《みょうじ》をもって、みな八方上下無央数《むおうしゅ》の仏国に聞こえしめん。みな、諸仏おのおの比丘僧大衆《びくそうだいしゅう》の中にして、我が功徳・国土の善を説かしめん」。

（「行巻」一五八頁）

とあります。ここにいう第四願というのは、『無量寿経』では、第十七願と第十八願にあたり、その二つの願が一つになった願です。ここに、「我が功徳・国土の善を説かしめん」と言われていますが、我が功徳と国土の善が一つになっているのです。

また、『平等覚経』を見ても、

諸仏、おのおの弟子衆の中にして我《わ》が功徳・国土の善を嘆ぜん。

（「行巻」聖典一五九頁）

という願文になっています。

それからさらに、『如来会』では、

もし我成仏せんに、彼の無量刹の中の無数の諸仏、共に我が国を諮嗟《ししゃ》し称歎《しょうたん》せずば、正覚を取らじ。（真聖全一、一九〇頁）

という願文が出ています。「我が国を諮嗟し称歎せずば、正覚を取らじ」と、ここでは国土そのものになっています。このように、国をもって自己を成就し、国をもって衆生を救済しようとされているのです。

私たち人類の流転の歴史は、願生国の祈りといいますか、国に生まれんと願うのですが、その国がどういう国であるのか、どうすれば求められるのかもわからないままに、しかし国を求めて流転してきたのです。私たちは、皆と共にひとつに出遇える世界を求めて流転してきた。その人類の願生国の祈りに、「我が国に生まれんと欲え（欲生我国）」と応えられたのでしょう。

何もないところで、法蔵菩薩が「我が国に生まれんと欲え」と誓われても、意味がないことだと思います。ですから法蔵菩薩の欲生我国の叫びの根底には、願生国という衆生の流転の歴史、その流転を貫いての誓いそのものがあるわけでしょう。つまり願生国が、本願の欲生我国というものをとおして、願生彼国として成就する。願生国の祈りが、願生彼国として具体化してくるのです。

それはまさしく、第十一願が必至滅度の願と言われますが、そのように必至するところが明らかになる。はっきりとした方向が見つかるということですね。そういう展開が思われることです。

そのように、願生国が願生彼国と具体化してくる。その具体化せしめたものが欲生我国ですから、これが欲生心です。「信巻」の三心釈には、

次に「欲生《よくしょう》」と言うは、すなわちこれ如来、諸有《しょう》の群生《ぐんじょう》を招喚《しょうかん》したまうの勅命《ちょくめい》なり。（聖典二三二頁）

と、欲生心は「招喚の勅命」であるとされています。この勅命という言葉ですが、「行巻」の帰命釈で、

「帰命《きみょう》」は本願招喚《しょうかん》の勅命なり。

（聖典一七七頁）

と言われています。

この、「招喚の勅命」という言葉は、仏にあっては欲生、生まれしめんと欲う欲生心、衆生にあっては帰命心なのです。欲生と帰命が、招喚の勅命という言葉で、ひとつに押さえられている。勅命という言葉は、意味からいうと、拒むことのできない命令ということでしょう。

勅命というのは、拒むことができないのですが、どうして拒めないのかというと、招喚の声として聞いたとき、聞いてみればそれが自分の願生であったからです。

「招喚の勅命」というのは、外から聞こえてくる。上からと言ってもいいでしょうが、聞こえてきた、呼びかけられた言葉です。呼びかけられてみれば、それが自分の求めていた言葉であったというときに、それは拒むことができない。そこに、欲生と帰命がひとつになる。招喚の勅命によって、願生彼国という歩みが始まるのです。

具体的には、それは仏者たらしめられるということです。つまり国を見いだすとき、人は仏者たらしめられる。その仏者というのは、自分の世界に閉じこもっている者ではないのでしょう。自分の世界を破って出る者です。『浄土論註』の「主功徳成就」の文によると、

もし人ひとたび安楽浄土《あんらくじょうど》に生ずれば、後《のち》の時に意《こころ》「三界に生まれて衆生《しゅじょう》を教化《きょうけ》せん」と願じて、浄土《じょうど》の命を捨てて願に随《したが》いて生を得て、三界雑生《さんがいぞっしょう》の火の中に生まるといえども、無上菩提《むじょうぼだい》の種子畢竟《ひっきょう》じて朽《く》ちず。

（「証巻」聖典二八二頁）

と、そこに「浄土の命を捨てて」、そして「三界雑生の火の中に生まる」という言葉があります。そういうように、仏法の世界をすてて、仏法の外なる世界にかかわっていくのでしょう。

ですから国において、そこに出遇いということが成就するのです。これが『阿弥陀経』では「倶会一処」と言われています。『平等覚経』では、

今みなまた会《え》して、これ共にあい値《あ》えるなり。（今皆復会是共相値）（「行巻」聖典一五九頁）

と言われています。これが国ということを表すひとつの言葉です。そういうなつかしみをもって出遇う、いのちの本来において出遇う。また再会の場ということに、国という意味があるわけです。

今ひとつは、国というものは、人を仏者たらしめるのですが、それはつまり、そこではじめて使命をたまわるということなのです。つまり人間としての歩みが与えられる。それが願において、願が開いてくる歩みです。そういうことが、ひとつ思われることです。

五、浄土往生の行

一　浄土に生まれるための行の選び

『唯信鈔』に戻りますと、次に、

国土をもうくることは、衆生をみちびかんがためなり。国土たえなりというとも、衆生うまれがたくは、大悲大願《だいひだいがん》の意趣《いしゅ》にたがいなんとす。これによりて、往生極楽《ごくらく》の別因《べついん》をさだめんとするに、一切《いっさい》の行みなたやすからず。孝養父母《きょうようぶも》をとらんとすれば、不孝《ふきょう》のものはうまるべからず。読誦大乗《どくじゅだいじょう》をもちいんとすれば、文句《もんく》をしらざるものはのぞみがたし。布施《ふせ》・持戒《じかい》を因とさだめんとすれば、慳貪《けんどん》・破《は》戒《かい》のともがらはもれなんとす。忍辱《にんにく》・精進《しょうじん》を業《ごう》とせんとすれば、瞋恚《しんに》・懈怠《けだい》のたぐいはすてられぬべし。余《よ》の一切の行、みなまた、かくのごとし。（聖典九一八頁）

と言われています。

まず、「国土をもうくることは、衆生をみちびかんがためなり。国土たえなりというとも、衆生うまれがたくは、大悲大願の意趣にたがいなんとす」とあります。衆生を導くための国土ですから、国土がどれだけ美しくても、衆生が往生しがたいということであれば、大悲大願の意趣にたがうことになるということです。そこで阿弥陀仏の浄土に生まれる独自の行を定めようとするけれど、説かれてある行はすべて容易なものではない。

それで次に、「孝養父母」「読誦大乗」「布施・持戒」「忍辱・精進」という四つの行が出されています。法然上人の『選択集』「本願章」（真聖全一、九四四～九四五頁）では、「造像起塔」「智慧高才」「多聞多見」「持戒持律」の四つの行が出されています。

「造像起塔」ということを本願とするならば、貧窮困乏の者は往生の望みを絶たれる。しかも造像起塔ができる富貴の者は少なく、貧窮の者は多い。これでは選ばれた者だけの世界になってしまう。

それから、二番目の「智慧高才」を本願とするならば、愚鈍下智の者は望みを絶たれる。この場合も、智慧の者は少なく、愚鈍の者は多い。

それから、三番目の「多聞多見」を本願とすれば、少聞少見のやからは望みを絶たれる。それにやはり、多聞多見の者は少なく、少聞少見の者は多い。

それから、四番目の「持戒持律」を本願とすれば、破戒無戒の人は望みを絶たれる。そしてやはり、持戒の者は少なく、破戒の者は多い。

このように、「造像起塔」「智慧高才」「多聞多見」「持戒持律」の四つの行を取りあげて、もしこういう行を浄土に生まれる道とするならば、浄土はごく限られた選ばれた者のみの世界になる。多くの人びとは、その望みを絶たれてしまうということになると言われています。

それに対して、聖覚法印の『唯信鈔』では、「孝養父母」「読誦大乗」「布施・持戒」「忍辱・精進」という四つの行が出されているのです。「持戒持律」のところが、『唯信鈔』では「布施・持戒」となっていますが、全体として比べてみますと、『唯信鈔』のほうがより生活のにおいがする、何かそういうものを感じます。

一番最初が孝養父母。この「孝養」は、「きょうよう」と読む場合は、追善供養の意味になります。いわゆる、親孝行という場合には、「こうよう」という読み方になります。『歎異抄』第五章の、

親鸞《しんらん》は父母《ぶも》の孝養《きょうよう》のためとて、一返《いっぺん》にても念仏もうしたること、いまだそうらわず。（聖典六二八頁）

というのも、孝養のためというのは父母の追善供養のためということです。

そういう追善供養が浄土に生まれる因であるとすると、不孝のものは生まれることができない。親孝行ということならば、どんなに貧しかろうと、心をこめて孝養するということはできるわけですね。しかし追善供養ということになると、どれほど供養したいと思ってもできないという人が出てくるわけです。

それから、読誦大乗ということに対しては、「文句をしらざるものはのぞみがたし」で、字を読めない人は生まれることができません。生きるのに精いっぱいで、字を学ぶ時間や余裕の持てない人は、この時代には多くいたわけです。それで聖覚法印は、やはりそういう人びとに出遇っておられたのでしょう。それは法然上人も同じことで、こういう人たちに出遇っておられるわけです。

それで法然上人の場合は、法の廃立ということが課題であったわけです。それが生涯をかけた事業でした。ところが『唯信鈔』においては、法の選びというよりも、どこまでも人間の現実というものに焦点をあてて、往生の行の選びがされている、そういう違いを感じます。

この「文句をしらざるものは」という、この言葉のほかは、『唯信鈔』の場合は「不孝のものは」とか、「慳貪・破戒のともがらは」とか、破戒というのは、ひとまず括弧に入れまして、不孝とか慳貪とか瞋恚・懈怠ということは、そんなものは当然越えられるべきものであって、これをもって「生まるべから

ず」ということは問題にならないのではないかと思えるわけです。

もちろん慳貪とか瞋恚も、その深さということが問題になります。たとえば慳貪ということも、社会が信じられない、人が信じられないというような状況におかれている者にとっては、慳貪にしか生きていけないということがあります。自分で自分を守るということしかできないわけです。

人間が慳貪になるということは、社会が開かれていないということがあるのでしょう。社会不信とか人間不信におちいった人は、必然的に慳貪・瞋恚の者になるのでしょう。そういう問題も何かそこに感じることです。

『唯信鈔』にも『選択集』にも、この言葉の後に『五会法事讃』の言葉が引かれています。

彼《ひ》仏《ぶつ》因《いん》中《じゅう》立《りゅう》弘《ぐ》誓《ぜい》　聞《もん》名《みょう》念《ねん》我《が》総《そう》迎《こう》来《らい》
不《ふ》簡《けん》貧《びん》窮《ぐ》将《しょう》富《ふ》貴《き》　不《ふ》簡《けん》下《げ》智《ち》与《よ》高《こう》才《さい》
不《ふ》簡《けん》多《た》聞《もん》持《じ》浄《じょう》戒《かい》　不《ふ》簡《けん》破《は》戒《かい》罪《ざい》根《こん》深《じん》

（聖典九一九頁）

こういう言葉ですが、ここに、今あげた四つの選びが説かれています。

『唯信鈔』を見てみますと、そういう四つの選びということが、法然上人の場合と微妙な違いがあることを感じます。

ちなみに親鸞聖人は、こういう形での選びということはなされていませんね。選びをされていないということには、やはり意味があるように思います。

親鸞聖人は、九歳で比叡山にのぼられたわけですが、その年の都の状況というものが、『方丈記』に記されています。それを見ますと、仁和寺の隆暁法印という方が、飢饉とか疫病で道に倒れて死んでいる人を、埋葬する余裕がまったくありませんから、その額に阿弥陀の「阿」の字を書いて供養してまわったと言われています。その数というのが、二か月の間で四万二千三百人余りという数になったという、そういう記述が『方丈記』にあります。この、四万二千三百という数は、想像を絶する数であったと思います。
当然、親鸞聖人は、そういう街の風景、人びとが死んでいく風景というものを、目に焼きつけておられたに違いありません。
また、親鸞聖人が亡くなったとき、末娘の覚信尼が恵信尼公に手紙でそれを知らされています。それに対する恵信尼公の返事のお手紙が、『恵信尼消息』第三通です。その消息の追伸の文章を読みますと、
この国《くに》は、昨年《こぞ》の作物《つくりもの》、殊《こと》に損《そん》じ候いて、あさましき事にて、おおかた命《いのち》生《い》くべしともおぼえず候う中に、（聖典六一八頁）
とあります。農作物のすべてが不作・凶作で食べるものもない、おおかた生きていくことができなくなってしまったという記述があります。
このように、たまたまですが親鸞聖人が得度された年、養和元（一一八一）年と、亡くなった年、弘長二（一二六二）年の社会の状況がわかる文章が書き残されていて、今日も目にできるわけです。言ってみれば、これが親鸞聖人の生涯の社会の様子であったということです。そしてそれは、飢饉の連続で、みんな生きることさえ困難な社会であったということでしょう。
ですから、そういうところに立てば、浄土往生の行の選びということも、孝養だ布施だと言っていられないような状況に直面しておられたのです。つまりいうならば、一切の行というものを否定してくるような現実があったわけです。しかし、そういう人びとが救われるとすれば、それはまったくいかなる意味の

功徳をも必要としない道でなければ救われない。そういう問題意識を、親鸞聖人は心の奥にかかえられていたと言っていいのでないかと思います。

そのような課題を持っておられたからこそ、『教行信証』「教巻」に、

謹《つつし》んで浄土真宗を案ずるに、二種の回向《えこう》あり。一つには往相《おうそう》、二つには還相《げんそう》なり。（聖典一五二頁）

と言われるように、往還二回向の道というものを見いだされた。つまり、願力回向の道を見いだされたのです。

それが、親鸞聖人の立っておられた世界であったとすると、往生の行について、あれかこれかなどと、またあれよりもこちらのほうがいいなどと、何か行を吟味するような、そういう余裕のまったくない世界を生きておられたのだろうと思います。そういう意味で、親鸞聖人がになわれた課題は、一切の功徳を積むことのできない人びとに、仏教がどのように応えていくのかという、そういう課題であったわけでしょう。

二　正定業の選び

ともかく、『唯信鈔』のこういう四つの選びというものには、生活のにおいがあると私は感じるわけです。庶民の生活のにおいというものが、四つの選びの言葉のなかに感じられます。ともかく、そういう選びをとおして、『唯信鈔』では、

これによりて、一切の善悪の凡夫《ぼんぶ》、ひとしくうまれ、ともにねがわしめんがために、ただ阿弥陀の三

字の名号《みょうごう》をとなえんを、往生極楽《ごくらく》の別因《べついん》とせんと、五劫《ごこう》のあいだふかくこのことを思惟《しゆい》しおわりて、まず第十七に諸仏にわが名字《みょうじ》を称揚《しょうよう》せられんという願《がん》をおこしたまえり。
（聖典九一八頁）

という言葉が続けられているわけです。

ここに「阿弥陀の三字の名号」とありますが、あまり目にしない言葉です。安田理深先生は、「阿弥陀仏」という四字は、それだけの名であれば、これはさとりというか証を表す名だと言われています。そしてその証の世界から、光明・名号の願によって衆生を救わんと歩み出る。それが南無阿弥陀仏の六字だ。南無阿弥陀仏という六字は、衆生をとおして自己の形、自己の姿を捉えた名だ。それが阿弥陀仏だけならば、それは証の世界の名だ。南無阿弥陀仏において、行としての意味を持つ。そういうことを、安田先生はおっしゃっています。

そのことから言いますと、この聖覚法印の「阿弥陀の三字の名号」というのは、やはり証の名であり、いわば対象的な名であるように思います。対象的に前に立てられている名でしょう。

この名号という言葉は、証の世界だけならば名号ということにはならないのでしょう。三字の名号と言われていますが、証の世界だけならば名ではあっても、号というわけにはいかないのです。

親鸞聖人は、『唯信鈔文意』で、「如来尊号甚分明、十方世界普流行、但有称名皆得往、観音勢至自来迎」という『唯信鈔』に引かれている『五会法事讃』の文を釈しておられます。

「如来尊号甚分明《にょらいそんごうじんふんみょう》」、このこころは、「如来《にょらい》」ともうすは、無碍光如来《むげこうにょらい》なり。「尊号」ともうすは、南《な》無阿弥陀仏《むあみだぶつ》なり。
（聖典五四七頁）

ここで親鸞聖人は、「如来」のほうを「無碍光如来」とされ、「尊号」のほうを「南無阿弥陀仏」と、言葉を変えておられます。

如来というのは、如より来たるということですね。如より来たることによって、如を明らかにしている。如より来たって如を開いているのが如来ですね。ですから、やはり如来というのは歩みです。如来という言葉も、そこに歩みということが押さえられてくるわけです。

つまり、如より来たるというのは、どこに来たるのかと言えば、不如なる世界、如ならざる世界ですね。ですから如来というときには、すでに応えているということがあるわけです。ですから無碍光如来という名は、そこに有碍という現実が押さえられてあるわけです。有碍という現実というものがなければ、無碍という言葉の意味は何もないわけになります。

無碍ということは、けっして何ものにもさまたげられずにすむとか、すべてのものをけちらしてでも歩みをまっとうするとか、そういう意味ではありません。そうではなくて、一切の碍というもの、一切のさまたげというものにおいて、しかも自らを、つまり如を表現している。

無碍というのは、さまたげるものを否定する言葉ではない。さまたげるものにおいて、表現される名なのでしょう。さまたげるものにおいて、表されてくるはたらきです。

如来とは、衆生のうえにおいて如を開く名です。それが、そのことをとおして衆生のものとなったのが尊号です。

尊号というのは、衆生のものとなった仏です。その尊号ということをとおして、親鸞聖人は号と名を区別されるのです。

「号」は、仏《ぶつ》になりたもうてのちの御《み》なをもうす。「名《みょう》」は、いまだ仏になりたまわぬときの御《み》なをも

（『唯信鈔文意』聖典五四七頁）

こういう言葉で、名と号を親鸞聖人は見分けておられる。これは『正像末和讃』では、

名の字は、因位のときのなを名《みょう》という。号の字は、果位のときのなを号という。

（聖典五一〇頁）

と、因位と果位ということで押さえられて、因位のときの名を「名」、果位のときの名を「号」とされています。

その因位というのは、『唯信鈔文意』で言えば、「いまだ仏になりたまわぬときの御な」、果位の名というのが、「仏になりたもうてのちの御な」と、こういう意味で押さえられています。ですから名というのは、因位のときで、「仏になりたまわぬとき」ですから、やはりさとっていないですね。それなら迷っていたときかというと、そうではないのでしょう。

やはり、因位のときも「名」ですから、やはり仏の名なのです。それはどういうことかと言いますと、つまり仏が仏になる。つまり仏が仏を成就する。仏が仏であることを成就するということは、衆生のうえにはたらき、衆生を救うというところに、仏が仏になったということがあるわけです。

一切の衆生を摂取するということのほかに、仏になるということはないわけで、ですから仏になったということは、衆生のうえに成就したということです。仏であることのはたらきが、仏のうえにのみとどまっていて、衆生のうえにまで実現していないのが因位でしょう。それが衆生のうえに成就したのが果位でしょう。

こういう、因位・果位ということに、親鸞聖人は非常にこだわっておられます。『正像末和讃』の「獲得名号自然法爾章」では、

獲《ぎゃく》の字は、因位のときうるを獲《ぎゃく》という。得《とく》の字は、果位のときにいたりてうることを得《とく》というなり。
（聖典五一〇頁）

と、「獲」と「得」という言葉が区別されていて、「因位のときうるを獲」、「果位のときにいたりてうることを得」とされています。

そこでは、信心をうるということについて、獲信と得信の区別が見られているのです。つまり、如来回向の信をうるということに、因位と果位があるということです。如来から送られた如来回向の心を、ただ受けとるというのが因位なのです。送られた如来回向の心を受けとることをとおして、その心を生きていくというのが果位なのです。回向されたものだけを受けとるというのではなくて、回向されたものをとおして、回向された心を受けとる。心を受けとるときには、それは当然、それ以後の生き方というものを生み出していくわけです。その心が、それまでの生活を変えていくということがあるわけです。

ですから獲信だけならば、そこにとどまるのでしょう。『正信偈』では、

信を獲れば見て敬い大きに慶喜せん。（獲信見敬大慶喜）
（聖典二〇五頁）

と言われ、獲信をとおして見敬するわけです。これが得信です。獲信されたものを見て敬う、見敬する心です。送られたものを見敬するのでしょう。そこに大慶喜がある。

親鸞聖人は、因位と果位というものを非常に厳密に見分けられる。それは何かと言いますと、この信心の場合は送られた名号ですね。その念仏をいただくと言いましても、そこに自力の念仏という問題を親鸞聖人は見いだしてこられたのです。

他力のなかになお、いうならば他力の生活という形で、とらわれている自力というものがある。他力の

なかの自力、つまり横出です。

親鸞聖人は、二双四重の教判を出されるのですが、二双四重の教判によって横超を明らかにされた。その横超ということを明らかにされたところに意味があるわけです。実はある意味では、横超ということより横出ということを、厳密に明らかにしてこられたことに大きな意味がある。そして、横出を明らかにすることをとおして、横超の世界が開かれてきているのです。

ここは、名号を因位と果位に分けられ、因位の名と果位の号とされているということです。ですから、いまだその名が仏のうえにとどまっていれば名で、衆生のものとなった名が号だということになります。ですから名はやはり名声《みょうしょう》、名のりです。名は本来、仏の名のりであって、この名声は十方に聞こえしめんという、そういう叫びで、名のりなのです。

それに対して、

本願の名号《みょうごう》は正定《しょうじょう》の業《ごう》なり。（本願名号正定業）（『正信偈』聖典二〇四頁）

と言われるように、号になりますと正定業で衆生の道になるのです。衆生のうえに成就したものが名号。名声というときには、仏の名のりであって、それは仏に属しています。それに対して名号は、衆生に付属されているのです。

三　名号をもって、あまねく衆生を導かん

『唯信鈔』には、

これによりて、一切の善悪の凡夫《ぼんぶ》、ひとしくうまれ、ともにねがわしめんがために、ただ阿弥陀の三字の名号《みょうごう》をとなえんを、往生極楽《ごくらく》の別因《べついん》とせんと、五劫《ごこう》のあいだふかくこのことを思惟《しゆい》しおわりて、まず第十七に諸仏にわが名字《みょうじ》を称揚《しょうよう》せられんという願《がん》をおこしたまえり。この願、ふかくこれをこころうべし。（聖典九一八頁）

と言われて、それに続いて、

名号をもって、あまねく衆生《しゅじょう》をみちびかんとおぼしめすゆえに、かつがつ名号《みょうごう》をほめられんとちかいたまえるなり。しからずは、仏の御《おん》こころに名誉《めいよ》をねがうべからず、諸仏にほめられて、なにの要かあらん。（聖典九一八頁）

とあります。

「名号をもって、あまねく衆生をみちびかんとおぼしめすゆえに、かつがつ」とあります。「かつがつ」というのは、漢字にすると「且つ且つ」です。これは「とりあえず」とか、「十分ではないがまあまあ」という感じを表す言葉です。今の場合は、「十分ではないが」というよりは、「本意ではないが」という意味で使われていると思います。ですから、「本意ではないけれど、我が名号をほめられん」と誓われたということです。

なぜ本意ではないと言われるのかというと、「しからずは、仏の御こころに名誉をねがうべからず、諸仏にほめられて、なにの要かあらん」と言われますように、仏自身が名誉を願うということはあるはずがないからです。自分の名誉を願って、諸仏に自分の名がほめられるようにと誓うことなどあるはずがない。ですから「諸仏にほめられて、なにの要かあらん」と、諸仏にほめられる必要が、何があるというのか、そういう必要もないと言われるのです。

それでは、どうして諸仏にほめられることを誓われたのかというと、「且つ且つ」という言葉の前においてあります、「衆生をみちびかんとおぼしめすゆえに」というのが理由です。我が名をほめられんと誓われたのは、どこまでも衆生を導かんとおぼしめすゆえであって、けっして名誉を求めてのことではないという、こういう文章ですね。

そしてそれを、『五会法事讃』の「如来尊号甚分明、十方世界普流行、但有称名皆得往、観音勢至自来迎」という偈文で、そのこころを押さえておられるわけです。

ただ、この『唯信鈔』の文脈から言いましても、それから『五会法事讃』の偈文の意味から見ましても、この偈文がそれほど重要な意味を持った偈文とは思えないわけです。この偈文の意味は、「如来の尊号というものは、はなはだ分明である。はなはだ分明であるから、その尊号というものは十方世界にあまねく、流布し行じられる。ただその名を称する者あるならば、皆往生することを得ん。観音勢至は、自ら来迎したまう」という意味です。

最初の「甚分明」については、親鸞聖人が『唯信鈔文意』で、

> 「甚分明《じんぶんみょう》」というは、「甚《じん》」は、はなはだという、すぐれたりというこころなり。「分《ふん》」は、わかつという、よろずの衆生ごとにとわかつこころなり。「明《みょう》」は、あきらかなりという、十方《じっぽう》一切衆生《しゅじょう》を、ことごとくたすけみちびきたまうこと、あきらかに、わかちすぐれたまえりとなり。
> （聖典五四七～五四八頁）

このように釈しておられます。けれども「分明」という言葉自体は、「はなはだ明らかである」というだ

けの意味ですね。

そのように、それほど深い意味はないように思われる『五会法事讃』の偈文なのですが、親鸞聖人は『唯信鈔文意』でこまかに解説をされます。しかも、その言葉をとおして本願の意を述べていかれるのですが、ある意味では非常に強引な読み換えがされているのです。こういう点が、私にはもうひとつわからないわけです。なぜそんなに強引な読み換えまでして、この偈文の言葉を釈さなければならないのか。またそういう形で『唯信鈔文意』をなぜ親鸞聖人は書かれたのか。正直に言いまして、私は受け止めかねています。

ともかく、今読みましたように、「分明」という言葉にしても、「分」というのを「わかつ」と言われる。これはまあ、その文字の意味です。ところが、次の「よろずの衆生ごとにとわかつこころなり」という釈ですが、これは『五会法事讃』からは出てこない意味です。「よろずの衆生ごとにわかつ」と、これはいったい何なのかですね。

これについて私は、曇鸞大師が『讃阿弥陀仏偈』で言われる、「無等等」という言葉が思われるのです。この無等等という言葉は、講録では、「無等」とは仏の徳は五乗に等しくない。「等」は諸仏にあっては平等だ。そういう仏の徳を表されたのが、無等等という言葉だと説明されています。しかし私には、それでは落ちつかないことがあるのです。

この「無等等」という言葉に私が感じますのは、無等の事実に本当に明らかになるところに開かれてくる平等性ということです。平等ということは無等等。平等ということは、一つひとつの存在の無等性、つまりかけがえのなさです。それは何かの本質論に立って、ひとつの立場から存在を価値づけるとか意味づける、そういうことを許さないのです。かけがえのなさというのは、一つひとつの存在に、かけがえのなさを見るということが平等ですね。平等ということは、何か皆を十把一からげに、同じようにしてしまうということではない。個々の存在の絶対性に頭を下げるというところに、平等心ということがあるのでしょう。そういう平等ということをあらわす言葉として、私には無等等という言葉が非常に響くのです。

親鸞聖人が分明というところで、

「分《ふん》」は、わかつという、よろずの衆生ごとにとわかつこころなり。（聖典五四七頁）

と、「よろずの衆生ごとにとわかつこころなり」と言われるその意味は、衆生の無等性というものに明らかになる、けっして十把一からげにしないということだと思うのです。すべての衆生を十把一からげに見る眼に対して、「よろずの衆生ごとにとわかつこころなり」というのは、それぞれをかけがえのないものとして見るということでしょう。

また、「明」についても、

「明《みょう》」は、あきらかなりという、十方《じっぽう》一切衆生《しゅじょう》を、ことごとくたすけみちびきたまうこと、あきらかに、わかちすぐれたまえりとなり。（聖典五四七～五四八頁）

という釈を、親鸞聖人はほどこしておられる。そこにある、「あきらかに、わかちすぐれたまえりとなり」という言葉も、やはりそれぞれをかけがえのないものと見るという平等性を表しているのだと思います。

四　あまねく、ひろく、きわなし

次に、「十方世界普流行」について、『唯信鈔文意』では、

「十方世界普流行《じっぽうせかいふるぎょう》」というは、「普《ふ》」は、あまねく、ひろく、きわなしという。「流行《るぎょう》」は、十方微塵《じっぽうみじん》世界《せかい》にあまねくひろまりて、すすめ、行《ぎょう》ぜしめたまうなり。しかれば、大小の聖人《しょうにん》、善悪《ぜんあく》の凡夫《ぼんぶ》、みなともに、自力《じりき》の智慧《ちえ》をもっては、大涅槃《だいねはん》にいたることなければ、無碍光仏《むげこうぶつ》の御《おん》かたちは、智慧のひかりにてましますゆえに、この仏の智願海《ちがんかい》にすすめいれたまうなり。一切諸仏の智慧をあつめたまえる御《おん》かたちなり。光明《こうみょう》は智慧なりとしるべしとなり。（聖典五四八頁）

と釈されています。

「普」という言葉に、「あまねく、ひろく」だけではなく、「きわなし」という釈もされています。「きわなし」ということは、限界がないということですね。限界がないということは、実は、常に限界に向かいあうということです。限界に向かいあわないとき、私たちは自己満足の世界におちいるわけです。ですから「きわなし」ということは、限りなくきわを破っていこうとするこころなのでしょう。つまり、きわを自覚し、きわを破ろうとする。それはまさに、仏にそむくものを、つつみえないものをつつもうとすることを意味します。そこに「きわなし」ということがあるのでしょう。

限られた領域のなかだけで、すみずみまで行きわたっているというのは、けっして、「あまねく、ひろく、きわなし」とは言わないのでしょう。

次の「流行」については、

「流行《るぎょう》」は、十方微塵世界《じっぽうみじんせかい》にあまねくひろまりて、すすめ、行《ぎょう》ぜしめたまうなり。しかれば、大小の聖人《しょうにん》、善悪《ぜんあく》の凡夫《ぼんぶ》、みなともに、自力《じりき》の智慧《ちえ》をもっては、大涅槃《だいねはん》にいたることなければ、無碍光仏《むげこうぶつ》の御《おん》かたちは、智慧のひかりにてましますゆえに、この仏の智願海《ちがんかい》にすすめいれたまうなり。一切諸仏の智慧をあつめたまえる御《おん》かたちなり。光明《こうみょう》は智慧なりとしるべしとなり。（聖典五四八頁）

とあります。ここに、「無碍光仏の御かたち」という言葉があり、「光明は智慧なり」という言葉があります。

『一念多念文意』を見てみますと、

真実功徳《しんじつくどく》ともうすは、名号《みょうごう》なり。一実真如《いちじつしんにょ》の妙理《みょうり》、円満《えんまん》せるがゆえに、大宝海《だいほうかい》にたとえたまうなり。一実真如《いちじつしんにょ》ともうすは、無上大涅槃《むじょうだいねはん》なり。涅槃《ねはん》すなわち法性《ほっしょう》なり。法性すなわち如来《にょらい》なり。宝海ともうすは、よろずの衆生《しゅじょう》をきらわず、さわりなく、へだてず、みちびきたまうを、大海のみずのへだてなきにたとえたまえるなり。この一如宝海《いちにょほうかい》よりかたちをあらわして、法蔵菩薩《ほうぞうぼさつ》となのりたまいて、無碍《むげ》のちかいをおこしたまうをたねとして、阿弥陀仏《あみだぶつ》と、なりたまうがゆえに、報身如来《ほうじんにょらい》ともうすなり。これを尽十方無碍光仏《じんじっぽうむげこうぶつ》となづけたてまつれるなり。この如来を、南無不可思議光仏とももうすなり。この如来を方便法身《ほうべんほっしん》とはもうすなり。方便《ほうべん》ともうすは、かたちをあらわし、御《み》なをしめして衆生にしらしめたまうをもうすなり。すなわち、阿弥陀仏《あみだぶつ》なり。この如来は、光明《こうみょう》なり。光明は智慧《ちえ》なり。智慧はひかりのかたちなり。智慧またかたちなければ、不可思議光仏《ふかしぎこうぶつ》ともうすなり。この如来、十方《じっぽう》微塵《みじん》世界にみちみちたまえるがゆえに、無辺光仏《むへんこうぶつ》ともうす。（聖典五四三頁）

と、さらにこまかな釈があります。

ここに「法性」だとか、「方便法身」とか、「報身」という言葉が出てきます。また、「法性すなわち如来なり」というような言葉も出てきます。これは『浄土論註』の言葉です。

上《かみ》の国土の荘厳《しょうごん》十七句と、如来《にょらい》の荘厳《しょうごん》八句と、菩薩《ぼさつ》の荘厳《しょうごん》四句とを「広」とす。入一法句《にゅういっぽっく》は、「略」とす。何《なに》がゆえぞ広略相入を示現するとならば、諸仏菩薩に二種の法身《ほっしん》あり。一つには法性法身《ほっしょうほっしん》、二つには方便法身《ほうべんほっしん》なり。法性法身に由《よ》って方便法身を生ず。方便法身に由《よ》って法性法身を出《い》だす。

（「証巻」聖典二九〇頁）

さらに、

「一法句《いっぽっく》とは、いわく清浄句なり。清浄句は、いわく真実の智慧無為法身《むいほっしん》なるがゆえに」とのたまえるなり。

（「証巻」聖典二九〇頁）

と、ここに「無為法身」という言葉が出てくるわけです。

五　名号は回向表現

この『浄土論註』の言葉について、曽我量深先生が、

「一法句は謂く清浄句なり」というのは、法性法身は即ち方便法身であるということである。「法性法身に由て方便法身を生ず」ということである。それから「清浄句は謂く真実の智慧無為法身なるが故に」というのは「方便法身に由て法性法身を出す」ということ、つまり方便法身は即ちまた法性法身

であるということである。

（「真宗大綱」『曽我量深選集』第九巻、三〇三頁）

と言われています。つまり、「一法句とは謂く清浄句」というのは、「法性法身に由って方便法身を生ず」という言葉に応じるもので、「清浄句は、謂く真実の智慧無為法身」という言葉は、「方便法身に由て法性法身を出す」という言葉に応ずると言われるのです。

そして続いて、曽我先生は、

絵像・木像は、光明無量・寿命無量のおすがたをかたちに顕わした。法性法身には、色もなく形もない。それをわれら衆生のために、形をあらわし御名を示されたのであるが、その色と形をあらわしたのが方便法身である。その方便法身のおすがたをうつしたものが、絵像とか木像というものである。

（「真宗大綱」『曽我量深選集』第九巻、三〇四頁）

と言われています。ですから、絵像・木像というのは、光明無量、寿命無量の姿ですね。その姿を形として表しているものが、絵像とか木像。つまり方便法身というのが、絵像・木像です。法性法身には、色もなく形もない。その色もなく形もないものを、私たちに形としてあらわされたのが方便法身です。

さらに、曽我先生は、

方便法身は、浄土においでになる仏さまである。浄土においでになる仏さまのご尊影が、絵像本尊とか木像本尊とかいうものである。それが「法性法身に由て方便法身を生ず」という方向である。それから「方便法身に由て法性法身を出す」というのが、名号であると思う。「法性法身に由て方便法身を生じ、方便法身に由て法性法身を出す」その「出す」というのが、名号本尊ということを顕わすものであると思うのであります。（中略）法性法身から方便法身を生ずというところに、名号までも入れるのは間違いである。木像・絵像というようなおすがたは、法性法身より方便法身を生じたところのおすがたであるとはいうことができる。ところが、名号本尊というのは、それと違うのでしょう。名号本尊は、「方便法身に由て法性法身を出す」という方向になるのでしょう。

（「真宗大綱」『曽我量深選集』第九巻、三〇四頁）

と言われています。

木像とか絵像というのは、これは浄土にまします如来であり、五念門ということから言えば、これはあくまでも観察の世界です。観の対象、観察門です。それに対して、方便法身によって法性法身を出だすという、こちらのほうが名号です。法性法身によって方便法身を生じたのが、木像・絵像。方便法身によって法性法身を出だしたのが、名号だと言われています。

そこに「出だす」とありますが、これは、

しかるにこの行《ぎょう》は、大悲《だいひ》の願より出《い》でたり。

（「行巻」聖典一五七頁）

ここに言われている「出」と同じです。すなわちこの出とは回向門、つまり名号は回向に属する。木像・絵像は観察に属する。それから、この法性法身によって方便法身を生ずるというところに、名号まで入れるのは間違いだ。名号は逆に方便法身によって法性法身を出だすという、回向の名号だという区別を、曽我先生は指摘されています。

法性《ほっしょう》法身《ほっしん》に由《よ》って方便法身《ほうべんほっしん》を生ず。方便法身に由《よ》って法性法身を出《い》だす。

（「証巻」聖典二九〇頁）

と、法性法身が二回出てくるのですが、「方便法身に由って法性法身を出だす」という場合は、「方便法身にまでなった法性法身を出だす」と、そのように読めばいいのではないかと私は思うのです。全体を考えれば、「法性法身によって方便法身にまでなった法性法身」ということになるでしょう。それを回向するとき、そこに名号があるということです。

曽我先生は、さらに、

五念門にあてはめて考えると、絵像・木像というのは、どうしても観察に関係しているし、名号は廻向ということに関係している。名号観などといって、名号までも観の中に入れて扱っている方もありますけれども、それは違うと思います。名号は、五念門では廻向門であり、絵像・木像は観の対象である。（「真宗大綱」『曽我量深選集』第九巻、三〇四～三〇五頁）

このように、名号というのは、どこまでも回向に関係する。絵像・木像は、観察に関係するというのが、曽我量深先生の指摘です。なるほどそういう言葉で、何か頷けるものを持つわけです。

ですから、「方便法身に由って法性法身を出だす」というほうは名号、もうひとつもとに戻して言えば、つまり言葉にまでなる。言葉というのは観察の対象ではないわけです。観察という行の対象とならないものが言葉です。言葉は聞くという、つまり受け止める、聞きとるということのほかにないわけです。

さらに曽我先生は、

方便法身というものによって法性法身が言葉になってきた。この「出す」ということは、表現ということである。「法性法身に由て方便法身を生ず」ということは象徴であり、「方便法身に由て法性法身を出す」ということは表現である。法性法身が言葉として表現される。言葉がなければ、色とか形というものが固定してしまう。言葉というものは、色や形が固定しないで、色や形が限りなく変化し展開してくる。それは言葉を体としているからである。もし言葉というものがないならば、色や形が固定してしまう。色や形が偶像化してしまう。それを偶像化しないということは、即ち生きた言葉があるからである。だから「方便法身に由て法性法身を出す」、その言葉というものが、われわれに真実の信心を発起せしめてくださるのであります。

方便法身をとおさなければ、法性法身は理であります。方便法身をとおして始めて法性法身が言葉になった。それを「出す」というのである。

（「真宗大綱」『曽我量深選集』第九巻、三〇五～三〇六頁）

曽我量深先生は、「法性法身に由って方便法身を生ず」の「生ずる」というのは、象徴だと言われています。曽我先生は、「生ずる」というほうは象徴、「出だす」というほうは表現であるとされます。象徴と表現という、そういう言葉で区別しておられます。

ですから、法性法身が言葉として表現される。その言葉がなければ、木像とか絵像という、色とか形が実体化される。その色と形から、木像とか絵像の実体化を破るものが言葉です。ですから、方便法身というものをとおさなければ、法性法身というのはただの理になってしまう。道理、真理を表すのが言葉ですから、法性法身という理が言葉にまでなる。

『浄土論註』には、

法身は無相なり。無相のゆえによく相ならざることなし。このゆえに相好荘厳《そうごうしょうごん》すなわち法身なり。

（「証巻」聖典二九〇頁）

という言葉があります。法身というと、私たちは理ということを思うわけです。けれども、「相好荘厳すなわち法身なり」と言われる。相好荘厳というのは姿形ですね。その姿形が法身だと言われるのです。これは、相好荘厳が姿形において実体化するのではなくて、その相好荘厳をとおして理がはじめて表現されるというところから、こういう言葉が成り立つのでしょう。つまり、姿形をとおして理が表現されるということです。

本尊ということについて言えば、木像や絵像をとおして、名号をたまわるのでしょう。木像・絵像と言うときには、やはり観察の対象で、観察門に属するものです。それに対して、名号は回向門に属する、こういうことを、曽我量深先生は言われています。

これも、名号ということにかかわって、ご注意いただきたいと思います。

『唯信鈔文意』には、

この如来《にょらい》の尊号は、不可称・不可説・不可思議にましまして、一切衆生《しゅじょう》をして無上大般涅槃《だいはつねはん》にいたらしめたまう、大慈《だいじ》大悲のちかいの御《み》なななり。（聖典五四七頁）

とあります。こういう言葉は、「方便法身に由って法性法身を出だす」という言葉をとおして、曽我先生が教示されている言葉と重ねて見ていただければと思います。

六　自分の存在の不可思議を知る

『唯信鈔文意』の、「十方世界普流行」のところで、

大小の聖人《しょうにん》、善悪《ぜんあく》の凡夫《ぼんぶ》、みなともに、自力《じりき》の智慧《ちえ》をもっては、大涅槃《だいねはん》にいたることなければ、（聖典五四八頁）

こういう言葉が出されています。そこに「自力の智慧をもっては」と、自力という言葉を、親鸞聖人はあ

えて出しておられます。

ですから無碍光とか不可思議光という名は、この「十方世界普流行」というのを、「大小の聖人、善悪の凡夫が、皆共に大涅槃にいたる」という、そういう文脈で押さえておられることから言いますと、「不可思議光仏」というのは、「衆生のうえに不可思議を開いてくる、実現していく名だ」ということになります。

「無碍光」ということも、単に仏のうえの徳ではなくて、「衆生のうえに無碍の歩みを成就していく名なのだ」と、そういう意味が押さえられているということになります。

『五会法事讃』の言葉のうえから言えば、「尊号そのものが十方世界に普く、流行する」と、それだけの意味ですが、それを親鸞聖人は、十方世界に普く流行するというのを、大小の聖人、善悪の凡夫皆共に、とこう押さえられるわけです。その一切の存在は、大涅槃にいたる。その大涅槃の徳を大涅槃にいたった相を、不可思議光とか無碍光と、そういう言葉でたたえられている。そのように押さえられてくるかと思います。

つまり、不可思議光の不可思議というのは、超自然のことを言っているわけではないですね。世にもめずらしい、考えられないようなことが実現したというようなことは、不可思議ではないのです。ここで言われる不可思議というのは、あたりまえにしていることに、不可思議を感じることです。端的に言えば、念仏において自分の存在の不可思議を知るのでしょう。

鈴木章子さんの詩のなかに、

今

私が
主人が
子供達が
この茶の間で
しゃべり
笑っている
何千回とくり返された情景が
今　不思議で
あしたにでも
壊れてしまいそうで
だきしめたくなります

（『癌告知のあとで』七七頁、探究社）

というのがあります。そういう、あることの不可思議さです。一番端的には、私が私としてあるということ、そのことに無限の不可思議を感じる。

いうならば回心ということは、思いもかけない自分に出遇うということなのでしょう。思いもかけないような自分というものの誕生。自分は努力して何か思いもかけない、想像もできなかった人間になったというのではなくて、あたりまえにしていたことのなかに、あたりまえにしていたことの不思議さですね。ものあることの不可思議さです。無限の深み、無限の広がりを感じるのです。

不可思議光仏とか無碍光仏とか、名号というと、何か仏の徳をたたえるもの、何か向こうにおられる仏だけの徳のように思うのですが、そうではないのです。つまり仏徳というのは、私のうえに不可思議を開く、不可思議なる世界を開くはたらきなのです。それを不可思議光仏と言うのでしょう。私のうえに不可思議なる世界を開くはたらきが、不可思議光仏です。私のうえに無碍なる歩みを成就するはたらきが、無碍光仏です。そういう意味が、この「十方世界普流行」の言葉に対する釈のつけ方のうえに感じるのです。『唯信鈔文意』において、この『五会法事讃』の言葉をとおして、親鸞聖人がそこに大きな展開を開いていかれているということがあります。今の、「十方世界普流行」という一句においても、偈文そのものから言えば、「その尊号が十方世界に、普く行きわたる」というだけのことです。そこに親鸞聖人は、

大小の聖人《しょうにん》、善悪《ぜんあく》の凡夫《ぼんぶ》、みなともに、自力《じりき》の智慧《ちえ》をもっては、大涅槃《だいねはん》にいたることなければ、（聖典五四八頁）

という言葉を出してきておられるということが注意されるわけです。

七　自力の心を離るる

親鸞聖人は、自力の自覚というものを、徹底して深めておられます。「化身土巻」に、

「横超《おうちょう》」とは、本願を憶念《おくねん》して自力の心を離るる、これを「横超他力《おうちょうたりき》」と名づくるなり。（聖典三四一～三四二頁）

と、こういう言葉で横超ということを押さえておられます。

「横超」という言葉の釈は、あちこちでされています。「信巻」には、

「横超《おうちょう》」は、これすなわち願力回向の信楽《しんぎょう》、これを「願作仏心《がんさぶっしん》」と曰《い》う。願作仏心は、すなわちこれ横の大菩提心《だいぼだいしん》なり。（聖典二三七頁）

とあります。そこでは、「願力回向の信楽」と押さえられています。それから、「信巻」の「横超断四流釈」には、

「横超《おうちょう》」は、すなわち願成就一実円満の真教、真宗これなり。（聖典二四三頁）

とあります。

これらの「信巻」の横超釈というのは、全部いうならば横超の法というものを明らかにしておられる言葉です。それに対して「化身土巻」の、

「横超」とは、本願を憶念して自力の心を離るる、これを「横超他力」と名づくるなり。（聖典三四一～三四二頁）

という釈は、どこまでもその念仏の行者の歩みとして、横超という言葉が押さえられています。そういう異なりが注意されます。横超とは、「本願を憶念して自力の心を離るる」。つまり具体的な歩みとしては横超の大道というのは、自力の心を離れる。本願を憶念して自力の心を離れることだと言われるのです。こういう表現というのは、繰り返し出てきます。それで「横超とは他力に生きることだ」とは書いてないのですね。そういう表現の仕方ではなくて、逆に自力の心を離れることを横超と言われる。

曇鸞大師におきましても、「如実修行相応」ということについて、まず相応せざる姿というもの、つまり実相身・為物身の二身を知らずということと、三種の不相応ということが展開されます。そして、

これと相違《そうい》せるを「如実修行相応《にょじつしゅぎょうそうおう》」と名づく。（「信巻」聖典二一四頁）

という表現がされています。如実修行相応とはこうだという言い方ではなく、相違している姿を明らかにしておられる。それで、それと異なるのを如実修行相応というのだと、こういう言い方をされるのです。

これはどうしてかと言いますと、如実修行相応という「相応」の世界というのは、相応せざる姿を自覚するという形でしか触れられないものだということでしょう。自身の不相応の事実を知らされるということとしてしか触れられないのが、「如実修行相応」という世界なのです。ですからこれが如実修行相応の姿なのだと言ったときには、もう転落しているということです。

今は「本願を憶念して自力の心を離るる」とありましたが、自力の心を離れるということは、逆にその自力の心を知るということなのです。つまり、本当に自力の深さを悲歎する。その悲歎としてしか、触れられない。横超の大道と言いましても、行者の歩みとしては、どこまでも自力の心を離れえざることの悲歎として、頷かれてくる世界なのです。他力に生きると言いますけれども、やはり「俺は他力に生きている」などと言うときには、はなはだあやしいのですね。親鸞聖人が、徹底して見つめていかれたのは、実はそういう他力のなかの自力なのです。

親鸞聖人にとっては、自力の行というのは捨てるべきもの、排すべきものではなかったのです。なぜならば、人間にとっては、雑行のほかに現実的な姿はないのです。人間が人間としてこの世を生きているかぎり、自力なのです。どこまでも自力を離れられないわけで、他力のなかにまで自力の執心を持ち込むのです。しかし、自力に立つかぎり自他一如にはなりえないのです。

「信巻」の二河譬のところに、

「道」は、すなわちこれ本願一実の直道《じきどう》、大般涅槃《だいはつねはん》無上《むじょう》の大道なり。「路《ろ》」は、すなわちこれ二乗・

三乗・万善諸行《まんぜんしょぎょう》の小路なり。

（聖典二三四～二三五頁）

とあります。ここに、自力の道は「万善諸行の小路」であるとされています。つまり、自力であるかぎり、個人性を出ることはできないのです。曽我量深先生は、そのような自力の小路の道は、目的地ははっきりしているけれども、ついに到達することがないと、そういう言い方をされます。

このように、自力の道というのは、個人を、自己を超え出るということがないのです。ですから自力であるかぎり、自他一如という世界は開かれてこない。つまり、倶会一処という世界は開かれてこない。倶会一処という世界が開かれてこないかぎり、人間として成就することもないわけです。

言葉を換えれば、人間同士の本当のかかわりというものが成就しない。そのような世界を生きることになるのに、それにもかかわらず、私たちは自力を離れえないのです。そこにその自力ということに対する、深い悲歎が生まれるのです。

『教行信証』を貫くのは、親鸞聖人のその悲歎の心です。そういう悲歎の心をとおしてしか触れられないものが、他力の道なのです。「私は、他力に立てり」などと言ったときには、すでに他力を離れているのです。ただその自力を悲歎する心は、自力からは出てこないのです。それは自力を悲歎する心として、私のうえに成就してきている横超の世界によるのです。だからこそ、悲歎をとおして触れるということが成り立ってくるのです。

このように、人間というのは、自力を出でざるものであり、したがって雑行性を出でざるものなのです。それを親鸞聖人は、自力の雑行を批判して切り捨てるのではなくて、その雑行を出でざるものをしていかに共に救われていくかということを課題にされたのです。自力を出でざるものをいかに転じうるかということが、親鸞聖人の課題だったということです。それに対して、法然上人の教学は廃立ということでした。親鸞聖人の教学は、転成教学で廃立ではないのです。その親鸞聖人が問題とされた転成ということが、この『唯信鈔文意』のところでも出てきます。

また、その精神を受け継いでいるのが『歎異抄』です。異を歎くというのは、それこそ悲歎です。つまり異というものを、ただ外にのみ見ているならば、歎異というのは愚痴でしかない。しかし異なりがどこにあるかというと、自己の内にあるのです。破るべき邪を、自己の内に見いだしたらどうなるのか。それこそ破っても破っても、その底になお息づいている邪を自覚したとき、それはもはや悲歎しかないのです。

蓮如上人は、『蓮如上人御一代記聞書』で、

とおきはちかき道理、ちかきは遠き道理なり。（聖典八七八頁）

と言われています。ですから、自分が最も近くにいると自負している心は、一番遠い心である。自分は限りなくへだたっているという、そのへだたりを深く悲しむ心が、実は一番近くにいる心だということです。そこに自力の心を離れるという言葉で、横超ということが押さえられるのも、実はそういう意味がそこに押さえられるかと思います。

八　横超の仏道

親鸞聖人は、「化身土巻」で、

「横超《おうちょう》」とは、本願を憶念《おくねん》して自力の心を離るる、これを「横超他力《おうちょうたりき》」と名づくるなり。これすな

わち専の中の専、頓《とん》の中の頓、真の中の真、乗の中の一乗なり、これすなわちこれ真宗なり。
（聖典三四一～三四二頁）

と言われています。『愚禿鈔』では、

本願一乗《いちじょう》は、頓極《とんごく》・頓速《とんそく》・円融《えんゆう》・円満《えんまん》の教なれば、絶対不二《ふに》の教、一実真如《いちじつしんにょ》の道なりと、知るべし。

専が中の専なり、頓《とん》が中の頓《とん》なり、真の中の真なり、円の中の円なり、一乗一実は大誓願海《だいせいがんかい》なり。第一希有《けう》の行なり。

金剛《こんごう》の真心《しんじん》は、無碍《むげ》の信海なりと、知るべし。
（聖典四二八～四二九頁）

とあります。この後に、二教対があります。そこでは、

二教対　本願一乗海は、頓極《とんごく》・頓速《とんそく》・円融・円満の教なり。知るべし。

浄土の要門《ようもん》は、定散二善《じょうさんにぜん》・方便仮門《ほうべんけもん》・三福九品《さんぷくくほん》の教なり。知るべしと。
（聖典四二九頁）

「知るべし（応知）」という言葉を繰り返し、たいへん面倒なことを分析的に並べてあるわけです。しかもこの「応知」という言葉は、いのちを押さえた言葉なのです。ここにいのちがあるぞと、深い注意をうながしている言葉が「応知」です。

とても図式的な文章なのですけれども、その図式をとおして、親鸞聖人は、ここで叫んでおられるのでしょう、「知るべし」と。「応知」、「応知」、「応知」と、こう繰り返しおかれている。そこには、親鸞聖人の叫びということが感じられるわけです。

「化身土巻」（聖典三四二頁）では、「専中之専」、「頓中之頓」、「真中之真」、そしてそれに加えて、『愚禿鈔』では、「円中之円」。円教の中の円教。そして、「一乗一実は大誓願海なり」と、こういう展開になっ

ています。

『愚禿鈔』には、巻頭の言葉のすぐ後に、

聖道浄土《しょうどうじょうど》の教について、二教あり。
一には大乗《だいじょう》の教、二には小乗《しょうじょう》の教　（聖典四二三頁）

とありまして、『愚禿鈔』は最初大乗という言葉で出発しているのです。それが、「化身土巻」では「乗の中の一乗なり」（聖典三四二頁）と言われてきます。それから『愚禿鈔』のほうでは、「一乗一実」という名に変わってきているのです。

大乗という言葉は、小乗に対する言葉です。声聞縁覚を小乗と批判することをとおして、自らを名のった名が大乗です。そういう意味では相対的な名のりです。

その大乗の名のりをとおして願われたものは、一乗一実。その一乗ということの意味を、親鸞聖人は「皆、同、斉」（「行巻」聖典一八九頁）という言葉で押さえられています。つまり、「皆、同じく、斉しく」歩む道です。一乗、つまり大乗ですから、ある意味で言いますと、大乗という言葉は小乗に対しての「一つの大乗」の義です。専とか頓とか真とか乗というのは、教理として展開されてきた大乗の歴史でしょう。そのなかの専というのは、「もっぱらにして」。もっぱらというのは、たとえば念仏一行ということで言えば、専らなる心で、専行、専心というような言葉でも言われますが、もっと端的には教理として展開されてきたものが、まさしく身の事実として成就していく道ですね。専がまさしく専として、私のうえに成就する。一切の存在のうえに成就する道、頓教の理が、まさしく一切の存在のうえに、頓速に成就する道、それが一乗一実の誓願の大道です。

ですから、大乗という言葉が、親鸞聖人のうえに、特に一乗という言葉でより強く受け止められてくるわけです。一乗という言葉は、実はそういう身の歩みのうえにおいて見いだされている言葉なのでしょう。専をかかげた、あるいは頓をかかげた教えは、大乗の歴史のなかに常にあるわけです。事実においては頓教ですね。つまり即身成仏とか即身是仏とか言っている、その教えというものが、現実には漸教でしかない。漸教としてしか具体的にはなってこない。そういう歴史的な現実というものをふまえて、頓中頓という言葉で、そういう道を見いだしたという歓喜ですね。そこに、皆共にということがはじめて成り立つ道がある。

今この『唯信鈔文意』では、

大小の聖人《しょうにん》、善悪《ぜんあく》の凡夫《ぼんぶ》、みなともに、自力《じりき》の智慧《ちえ》をもっては、大涅槃《だいねはん》にいたることなければ、（聖典五四八頁）

と言われています。「大小の聖人、善悪の凡夫、みなともに」という道を求めながら、「自力の智慧をもっては、大涅槃にいたることなければ」ということになってしまっている。そういう自力の批判をとおして、限りない自力の執心の深さを悲歎されていったのです。

そして、本当にその身をあげた悲歎になるまで、自力の執心を見つめていかれたということです。そういう身をあげた悲歎になるまで、雑行性を、自力の執心の深さを徹底して批判し続けられたのです。その悲歎のうえに成り立つ教学というものが、転成というものでしょう。それが『唯信鈔文意』では、

しからしむというは、行者《ぎょうじゃ》の、はじめて、ともかくもはからわざるに、過去・今生《こんじょう》・未来の一切のつみを転ず。転ずというは、善とかえなすをいうなり。（聖典五四八頁）

と言われています。

これは、「自来迎」の「自」という言葉を釈されるなかで出されてきます。それから「来迎」という言葉も、一般的には、来迎と言えば向こうから、臨終来迎というように、仏のほうから私たちのうえにあらわれてくださるのが来迎であると考えられています。ところが親鸞聖人は、

「来迎《らいこう》」というは、「来」は、浄土《じょうど》へきたらしむという。　（聖典五四九頁）

こういう釈をされるのです。これなども、『五会法事讃』の文面からは出てこない意味です。そういう言葉を次々と出してこられる。親鸞聖人は、『五会法事讃』をとおして、それをある意味で、根本からひっくり返していくような釈をほどこしておられる。そういうことが非常に注意されるわけです。

九　観音勢至自来迎

『五会法事讃』の偈文の第三句と第四句は、「但有称名皆得往、観音勢至自来迎」です。この第三句は、読み下しますと、「ただ称名することあれば皆往くことを得る（但有称名皆得往）」ということで、この言葉が『五会法事讃』の四句のなかでも一番大事な、要になる言葉だと思えるわけです。けれども、『唯信鈔文意』を見ていただきますと、この「但有称名皆得往」というのは、まことにそっけないと言いますか、簡単な釈がほどこされているだけです。

「但有称名皆得往《たんうしょうみょうかいとくおう》」というは、「但有《たんう》」は、ひとえに御《み》なをとなうる人のみ、みな往生すとのたまえるなり。かるがゆえに「称名皆得往《しょうみょうかいとくおう》」というなり。　（聖典五四八頁）

文字通り、言葉そのままという感じがします。そして私たちの意識から言いますと、さらっとすませているように思います。

最後の「観音勢至自来迎」という言葉については、親鸞聖人はながながと釈をほどこしておられます。そういうところにも、何か非常に注意を引かれるわけです。

「観音勢至」について、親鸞聖人は、

> 「観音勢至自来迎《かんのんせいしじらいこう》」というは、南無阿弥陀仏《なむあみだぶつ》は智慧《ちえ》の名号《みょうごう》なれば、この不可思議光仏の御《み》なを信受して、憶念《おくねん》すれば、観音《かんのん》・勢至《せいし》は、かならずかげのかたちにそえるがごとくなり。この無碍光仏《むげこうぶつ》は、観《かん》音《のん》とあらわれ、勢志《せいし》としめす。ある『経』には、観音《かんのん》を宝応声《ほうおうしょう》菩薩《ぼさつ》となづけて、日天子《にってんし》としめす。これは無明《むみょう》の黒闇《こくあん》をはらわしむ。勢至《せいし》を宝吉祥《ほうきっしょう》菩薩《ぼさつ》となづけて、月天子《がってんし》とあらわる。生死《しょうじ》の長夜《じょうや》をてらして、智慧《ちえ》をひらかしめんとなり。
> （聖典五四八頁）

と言われています。

観音菩薩と勢至菩薩は二大教師です。『観無量寿経』では一貫して、観音菩薩と勢至菩薩が教師としてあらわれています。観音菩薩は日天子と、勢至菩薩は月天子とも言われます。日天子は破闇、つまり闇を破る。つまり太陽と同じ光明でもあり、太陽の光は闇を破る。それから月天子、月の光は生死の長夜を照らして智慧をひらく。これは夜を照らすわけです。夜を破るのではないわけです。私は勝手に、日光は「破闇」で、月光は「摂闇」と言っております。

摂取というのは、ただ包みとるというだけのことではありません。いわゆる私たちが飲食物を摂取するという、あの言葉でお考えいただきたい。いわゆる飲食物、つまり仏教で言う段食ですね。一口ずつ食べていく、あるいは飲んでいく。食べ物ですが、その段食を摂取するということは、その段食の特徴が変容というところにあるわけです。変わるということです。食べた物がただお腹のなかに納まっているというだけならば、苦しくて仕方がないわけです。摂取するというときには、食べた物が血となり肉となり、エネルギーとなるというところに、摂取という意味があるわけですね。ですからただ包んでいるだけではないのです。

ですから、仏によって摂取されるということは、仏が血となり肉となるということでしょう。これは、現生十種の益で言えば、「常行大悲の益」(「信巻」聖典二四一頁)というのが、摂取された者の益でしょう。常に大悲を行ずる身とされている、仏身を行ずる身とされるということが摂取されるということであって、ただ包まれているということではないのです。

今の場合、それと同じで、闇が光の歩みとなるのです。闇は光を覆いかくすというだけではない。いわゆる月夜、月夜の明るさというのは、闇がきわだたせるわけですね。闇が闇であることによって、月の光の澄明さというもの、澄んだ明るさというものをきわだたせてくるわけです。そういう意味では、闇を転じて光の表現とする。そこに摂闇という意味が見られるかと思います。

そのことについて言いますと、『浄土論註』には、闇を尽くすという言葉が出てきます。二十九種荘厳というのは、衆生の無明の闇、煩悩の闇を尽くす。そういう「尽闇」という言葉があります。何かそういう、破闇、摂闇、尽闇という、そういう闇ということにかかわって、そういう言葉も思われるわけです。

今は、観音菩薩は破闇のはたらき、勢至菩薩は摂闇のはたらきをするものと押さえられています。その「観音・勢至が自来迎する」。この自来迎という言葉に、親鸞聖人は大変な力を注いで、釈をほどこしておられるわけです。

「自来迎《じらいこう》」というは、「自」は、みずからというなり。弥陀無数《みだむしゅ》の化仏《けぶつ》、無数《むしゅ》の化観音《けかんのん》、化大勢至《けだいせいし》等《とう》の、無量無数《むしゅ》の聖衆《しょうじゅ》、みずからつねに、ときをきらわず、ところをへだてず、真実信心をえたるひとにそいたまいて、まもりたまうゆえに、みずからともうすなり。（聖典五四八頁）

この場合の化というのは、応化ですね、応化身です。これも分けてあえて言うときには、応身は人形《ひとがた》で、化身は異形《いぎょう》ということになります。

応身というのは、人の形をとってあらわれてくる。最も具体的には、釈尊が応身仏ですね。それに対して化身は異形です。人形以外の異なった形をもって、あらわれてくる。「真仏土巻」に、『涅槃経』の言葉が引かれていますが、

仏をまた「地獄《じごく》・餓鬼《がき》・畜生《ちくしょう》・人《にん》・天《てん》」と名づく、（聖典三一一頁）

こういう言葉があります。仏をまた地獄・餓鬼・畜生・人・天と名づけるというのは、そういう六道の形をとってあらわれるということです。

つまり形を同じくするということは、いうならば業を同じくするということなのです。そこにあえて教化ということを言いますと、業を同じくするということがなければ、けっして教化というものは、成り立たないのでしょう。まったく違うところに立っていたのでは、教化ということは成り立たないわけです。

たとえば言葉ということでも、仏の四無礙弁のなかで、方言に自在であるということが、仏の弁才、表現する力として数えられています。方言を同じくするということも、生活を同じくするということにかかわるわけです。生活感情、生活感覚、それが方言というものににじみ出てくるわけです。

そういう、言葉を同じくするというところに、ひとつの出遇いということが開かれてくる。それはさらに言えば、そういう相、形を同じくするということです。

蓬茨祖運先生は、仏は犬を教化するときには、「ワン・ワン」とおっしゃるのだと、そういうことを言っておられました。化身というのは、こういう異形をとるのが化身です。

ただ、今のところでは、その応化の意味で化と言われているわけではないので、単なる化身で、化仏という意味です。

化仏ということについては、「現世利益和讃」に、

無碍光仏《むげこう》のひかりには　無数《むしゅ》の阿弥陀《あみだ》ましまして

化仏《けぶつ》おのおのことごとく　真実信心をまもるなり

（『浄土和讃』聖典四八八頁）

とあります。

それは、あえて言えば、一人ひとりの身をとおして歩まれている阿弥陀仏です。無碍光仏の光を、一人ひとりがその身に受けた、そしてその光に生きている。先ほども言いました摂取された者の歩み、そこに無数の阿弥陀がましますと言われているのです。

十　自然にさまざまのさとりを開く

「自来迎」について、親鸞聖人の『唯信鈔文意』の釈を見てみましょう。

みずからつねに、ときをきらわず、ところをへだてず、真実信心をえたるひとにそいたまいて、まも

> りたまうゆえに、みずからともうすなり。また「自」は、おのずからという。おのずからというは、自然《じねん》という。自然というは、しからしむという。しからしむというは、行者《ぎょうじゃ》の、はじめて、ともかくもはからわざるに、過去・今生《こんじょう》・未来の一切のつみを転ず。転ずというは、善とかえなすをいうなり。もとめざるに、一切の功徳善根《くどくぜんごん》を、仏のちかいを信ずる人にえしむるがゆえに、しからしむという。はじめて、はからわざれば、「自然《じねん》」というなり。誓願《せいがん》真実の信心をえたるひとは、摂取不捨《せっしゅふしゃ》の御《おん》ちかいにおさめとりて、まもらせたまうによりて、行人《ぎょうにん》のはからいにあらず。金剛《こんごう》の信心をうるゆえに、憶念自然《おくねんじねん》なるなり。この信心のおこることも、釈迦《しゃか》の慈父《じふ》、弥陀《みだ》の悲母《ひも》の方便《ほうべん》によりて、おこるなり。これ自然《じねん》の利益《りやく》なりとしるべしとなり。（聖典五四八～五四九頁）

「自」という言葉から、ここまで展開されてきているわけです。そこにまず、「みずから」と「おのずから」という二つの意味をもって、「自」という言葉が押さえられています。

「みずから」というのは、これは自発性、自発的です。ほかの誰かに強制されたのでもない、自分からそうするという、そういう自発性、自発的ということを意味するかと思います。自発性とか自発的というのは、一般的にはまず他から強制されていないということです。それはもうひとつ押さえていきますと、うながしているものが、その存在それ自身のなかにあるということです。その歩みをおこさせているものが、その存在自身のなかにある場合が、自発性、自発的ということなのでしょう。その自発的なものの一番、その究極が願ということです。願というのは、その願いのすべてが徒労に終わると知っていても、それでもしなくてはいられないもの、それが願です。ここに自発性という問題があるのです。

藤元正樹先生は、「耳をふさげば、なお聞こえてくる衝動」という言い方をしていました。もうしんどくてかなわんと、もうやめたと。その耳をふさげばふさぐほど、かえって心に響いてくる衝動、内からつきあげてくるもの、そういうものが願なのです。外からのものならば、耳をふさげば終わるのですが、内からわきあがってきているものは、耳をふさげばふさぐほど、逆に深く響いてくる。そういうものを、「自ら」というのでしょう。

　結局私たちは、その「みずから」なるものを求めているわけです。つまり自己をさがしているのです。自分自身をたずねているというのは、その自発、内からわきあがってくるものをさがしているということでしょう。耳をふさげばいよいよ聞こえてくるような衝動、そういうものに目覚めることができない。目覚められずにいる、そういうことがそこにあるわけでしょう。

　その自発性というのは、もうひとつ言えば、自由という問題です。つまり、自らに由るという。依の「よる」は、外なるものによる。「依」ではなくて「由」、内からわきあがってくるものですね。やはり自由とは、自らの内からわきあがってくるその自発的なるものに由って生きるということになるわけです。この「みずから」というのは、自由という言葉にあたると思います。

　それに対して「おのずから」というのは、自由に対していえば必然ということでしょう。親鸞聖人は、『一念多念文意』で、

> 「則《そく》」というは、すなわちという、のりともうすことばなり。如来《にょらい》の本願《ほんがん》を信《しん》じて一念するに、かならず、もとめざるに無上《むじょう》の功徳《くどく》をえしめ、しらざるに広大《こうだい》の利益《りやく》をうるなり。自然《じねん》に、さまざまのさとりを、すなわちひらく法則《ほうそく》なり。法則というは、はじめて行者《ぎょうじゃ》のはからいにあらず。もとより不可思議《ふかしぎ》の利益《りやく》にあずかること、自然のありさまともうすことをしらしむるを、法則とはいうなり。

一念信心《しんじん》をうるひとのありさまの自然なることをあらわすを、法則とはもうすなり。（聖典五三九頁）

と言われています。

ここでは、自然ということは法則であると言われます。これはまた、

かならずというは、自然《じねん》に往生をえしむとなり。自然というは、はじめてはからわざるこころなり。（『尊号真像銘文』聖典五二一頁）

ここでは、「かならずというは、自然」と、必然の意味で言われています。もうひとつ見てみますと、

「必得超絶去　往生安養国」というは、必はかならずという。かならずというはさだまりぬということろなり。また自然《じねん》ということろなり。（『尊号真像銘文』聖典五一四頁）

このように言われています。

考えてみますと、必然的だということと自発的だということ。あるいは、自由ということと必然ということ、これはある意味で相反することのように思えます。

けれども、私にとって最も自発的なことということのは、私にとって最も必然的なことでもあるわけです。しなければいられないということは、私にとっては必然的なことであり、もうひとつ言えば、私というものの存在の必然性、存在が持っている必然性に生きるということでもあるのでしょう。

つまり、自由とか自発的ということが、けっして主観的自由ではない。私たちは、自由ということをとかく主観的なところで考えがちであるわけです。自己というものを、自分を大事にしろという。自分を大事にするということも、自分の考えや自分の感覚、自分の思いを大事にする、ごまかさない、ゆがめない。このように、自分の思いに従って素直に生きることが、自分を大事にすることだと思いがちです。しかし

それは、あくまで主観的自己でしかありません。自己というものの現実は、それこそ私のいのちがかかえている必然的な事実、あえて言えば「宿業の大地」という言葉で表されるような、そういう宿業性のなかにあるのです。宿業というものは、けっして自己を縛るとか疎外するものではないのです。主観を縛ったり、主観を破ったりしますけれども、けっして自己を破るものではないのです。

限りなく主観性が破られて、いのちの現実というものに帰らされる。そこに私の必然性というものが、具体的になってくるのでしょう。そのように、限りなく主観性が破られて、いのちの事実に帰り、いのちの必然性に帰る。そのいのちの必然性の表現は、自分の思いで押さえようとしても押さえられない、耳をふさげばふさぐほどいよいよ聞こえてくる、そういう叫びとして具体的なのでしょう。

そういう必然性というものと自発性というものが、そういう意味でひとつになるところに、自己というものの成就があるのでしょう。

そして、そういう必然性と自発性とがひとつになった歩みというものが、遊びと言われるものとなる。つまり「遊行」ですね。仏の行為を遊行というときの遊びです。行為と存在がひとつになったときの行為を、遊びというのです。それは手段としての行為ではない。

私たちは、なかなか遊べないわけです。レジャーはいくらでもありますけれども、なかなか遊ぶという境地には立てないわけです。

曇鸞大師は『浄土論註』で、

遊戯《ゆげ》に二の義あり。一には自在の義。菩薩《ぼさつ》、衆生《しゅじょう》を度す。譬《たと》えば師子《しし》の鹿を搏《う》つに所為難《はばか》らざるがごときは、遊戯《ゆげ》するがごとし。

（「証巻」聖典二九七頁）

このように言われています。百獣の王のライオンが鹿をうつぐらいはやすやすとしたこと、やすやすとできること、それを自在の義とこう思ってしまいます。けれどもライオンが鹿をうつのは、けっしてやすやすとではないのです。だいたい成功率は三パーセントもないということです。ですから、一生懸命やっても空振りが多いわけで、けっしてやすやすと鹿をうってはいないのです。

ここで言われる、「師子の鹿を搏つに所為難らざるがごとき」というのは、つまり獅子としてのあり方とひとつだということです。いうならば抵抗がないのです。ひっかかりがない。獅子として生きるということと、鹿をうつということがひとつになっている。

肉食の動物というのは、他の動物の命を奪うわけですけれども、人間のように必要でないのに殺すということはないのです。殺すこと自体に快感を覚えるというような、そういうことは動物にはないことです。必要がなければ、目の前をエサが通っていても、けっしておそわないと聞いています。

ですから、自在というのは、自己の本来にあるという意味なのです。

『浄土論註』では、先の文に続いて、遊戯の二つ目の義として、

二には度《ど》無《む》所《しょ》度《ど》の義なり。菩薩《ぼさつ》、衆生《しゅじょう》を観ずるに畢竟《ひっきょう》じて所有《あらゆるところ》なし。無量の衆生を度すといえども、実に一衆生として滅度《めつど》を得る者なし。衆生を度すと示すこと、遊戯《ゆげ》するがごとし。

（「証巻」聖典二九七～二九八頁）

と言われています。「度無所度の義」というのは「度して度する所なし」ということで、これは執着を離れているということです。これは俺がしたんだ、俺はこれだけのことをしたんだというときには、それは遊びではないのです。自分のしたこととして誇るというようなことは、なお遊びの境地ではないわけで、

度して度したという思いがないのが遊戯なのです。

仏教では、行為というものは、初めは有漏行で、煩悩とたたかいながらの行為となると言われます。畑づくりなどにしても、初めは慣れませんから、「しんどい、しんどい」と思いながらすることになります。これが有漏行です。それがすこし進んで慣れてくると、ときどき楽しくなる。またおもしろいと思うようにもなる。これが「有漏無漏雑起」と言われるもので、しんどいときと、つらさを忘れて夢中になっているときとが混じってくる。そうしてもうすこし深まってきますと、「純粋無漏相続」になる。これが境地と言われるもので、意識的な行為というものがなくなる。俺はこうしてやっているとか、そういう意識がなくなるのです。

ですから「自」というのは、純粋無漏相続で遊行です。そういう意味があると思います。それを「みずから」と「おのずから」という、二つの意味として釈されたのです。

十一　一切の罪を転ず

しかもそこで、親鸞聖人は、「転成」という、転じかえ成すという言葉を、その「自ら」ということの展開のなかで言われているわけです。

過去・今生《こんじょう》・未来の一切のつみを転ず。転ずというは、善とかえなすをいうなり。

（『唯信鈔文意』聖典五四八頁）

と言われています。ここの文は、異本の大谷大学蔵本の『唯信鈔文意』では、つみを、けしうしなわずして、善になすなり。よろずのみず大海にいりぬれば、すなわちうしおとなるがごとし。

（聖典一〇七一頁）

と、こういう文章になっています。これは、非常に大事な言葉だと思います。

ここでは「転ずというは、善とかえなす（転悪成善）」と言われていますが、「総序」では、

円融至徳《えんゆうしとく》の嘉号《かごう》は、悪を転じて徳を成《な》す正智《しょうち》（転悪成徳）、

（聖典一四九頁）

と言われています。ですから親鸞聖人の本意は、転悪成善ではなく「転悪成徳」で、悪を転じて徳となすということです。それは、悪を消してしまうことではなく、消し失わずに徳と成すというものです。親鸞聖人の思想は、転悪成徳です。転成の思想というのは、転悪成徳です。つまり自らの悪を深く自覚する、そしてそれを悲歎する。その悲歎のうえに徳がはたらくのです。ここで「つみを、けしうしなわずして、善になす」と、「消し失わずに」という言葉がおかれていることに注意していただきたいと思います。

次に、「自来迎」の「来迎」を見ておきたいと思います。

「来迎《らいこう》」というは、「来」は、浄土《じょうど》へきたらしむという。これすなわち若不生者《にゃくふしょうじゃ》のちかいをあらわす御《み》のりなり。穢土《えど》をすてて、真実報土にきたらしむとなり。すなわち他力《たりき》をあらわす御《み》ことなり。また「来」は、かえるという。かえるというは、願海《がんかい》にいりぬるによりて、かならず大涅槃《だいねはん》にいたるを、法性《ほっしょう》のみやこへかえるともうすなり。法性のみやこというは、法身《ほっしん》ともうす如来の、さとりを自然《じねん》にひらくときを、みやこへかえるというなり。これを、真如実相《しんにょじっそう》を証すとももうす。無為法身《むいほっしん》ともいう。滅度《めつど》にいたるともいう。法性《ほっしょう》の常楽《じょうらく》を証すとももうすなり。このさとりをうれば、すなわち大《だい》

慈《じ》大悲きわまりて、生死海《しょうじかい》にかえりいりて、普賢《ふげん》の徳に帰《き》せしむともうす。この利益《りやく》におもむくを、「来」という。これを法性のみやこへかえるともうすなり。（『唯信鈔文意』聖典五四九頁）

親鸞聖人は、「来迎」を「法性のみやこへかえる」と釈されるのです。しかも「法性の常楽を証す」とも言われます。

「常楽」と言われますが、私たちの楽というのは、常に苦に変わる。楽と苦は縄のようなもので、「禍福はあざなえる縄の如し」（『史記』）という言葉があります。

『涅槃経』の「徳王品」の文に、

大楽《だいらく》あるがゆえに大涅槃《だいねはん》と名づく。（中略）涅槃を名づけて大楽とす。（「真仏土巻」聖典三〇五～三〇六頁）

とあります。そして続けて、

また次に善男子《ぜんなんし》、楽に二種あり、一つには凡夫《ぼんぶ》、二つには諸仏なり。凡夫の楽は無常敗壊《はいえ》なり、このゆえに無楽なり。諸仏は常楽なり、変易《へんやく》あることなきがゆえに大楽と名づく。（聖典三〇六頁）

とあります。そういう変易しないのが常楽です。

今は、その法性の常楽を証する。そして次に、

このさとりをうれば、すなわち大慈大悲《だいじだいひ》きわまりて、生死海《しょうじかい》にかえりいりて、普賢《ふげん》の徳に帰《き》せしむともうす。この利益《りやく》におもむくを、「来」という。これを法性《ほっしょう》のみやこへかえるともうすなり。（『唯信鈔文意』聖典五四九頁）

とあります。法性の常楽を証するときには、大慈大悲がきわまって、生死海にかえる。そしてよろずの衆生をたすけるために普賢の徳に帰せしむと言われます。

普賢の徳というのは、第二十二願いわゆる還相回向の願の行者の徳です。

常倫《じょうりん》に超出し、諸地の行現前し、普賢《ふげん》の徳を修習《しゅしゅう》せん。

（『無量寿経』聖典一九頁）

と、「普賢の徳を修習せん」という言葉が出てきます。

浄土は願心の世界です。その弥陀の願心の世界に「来たらしむ」ということです。しかしそれは、特殊な人間になることではない。法性のみやこに帰るというのは、乱暴に言ってしまいますと、存在の本来性に帰るということです。

つまり、浄土へいくということは、自己の本来に帰る。自己の本来と言いますのは、もうひとつ言えば、人間としてのいのちの現実に帰るということです。

結局、信心によって、苦しみとか悲しみがなくなるのではない。信心によって苦しみが消えたり、悲しみが消えたりするようなことは、けっしてありません。ただ苦しみや悲しみが、きよめられるということがある。きよめられるということは、何かと言いますと、自分の苦しみにおいて、人間の苦しみを知るということなのです。

私たちの日常は、自分だけという世界です。自分の悲しみが自分だけの悲しみになっているとき、人間はつまり心塞意閉となるのです。『無量寿経』に繰り返し出てきますが、「心塞《しんふさが》り意《こころ》閉《と》じ（心塞意閉）」（聖典六一頁）というのは、つまり悲しみにおいて心塞意閉する。それに対して、信心の世界というのは、悲しみが消えるのではなく、「心開明《こころかいみょう》することを得つ（心得開明）」（『無量寿経』聖典六四頁）となることなのです。

我が悲しみにおいて、人間の悲しみを知る。つまり浄土というのは、悲しみを共にできる世界なのでしょう。悲しみを共にし、喜びを共にできる世界、「安危共同」の世界です。自分のいのちの事実をとおして、人間のいのちの事実に出遇うところに、自分の体験が転じてその道を開いていくのでしょう。

そういうことが、この「来」の一字から「来たらしむ」と「帰る」と、「自」の一字から「みずから」と「おのずから」ということを展開されたのです。

そして、最後に「迎」という言葉です。

「迎《こう》」というは、むかえたまうという、まつというこころなり。選択《せんじゃく》不思議の本願、無上智慧《ちえ》の尊号をききて、一念もうたがうこころなきを、真実信心というなり。金剛心《こんごうしん》ともなづく。この信楽《しんぎょう》をうるとき、かならず摂取《せっしゅ》してすてたまわざれば、すなわち正定聚《しょうじょうじゅ》のくらいにさだまるなり。このゆえに信心やぶれず、かたぶかず、みだれぬこと、金剛《こんごう》のごとくなるがゆえに、金剛の信心とはもうすなり。これを「迎《こう》」というなり。『大経《だいきょう》』には、「願生彼国《がんしょうひこく》　即得往生《そくとくおうじょう》　住不退転《じゅふたいてん》」とのたまえり。「願生彼国《がんしょうひこく》」は、かのくににうまれんとねがえとなり。「即得往生《そくとくおうじょう》」は、信心をうればすなわち往生すという。すなわち往生すというは、不退転《ふたいてん》に住するをいう。不退転に住すというは、すなわち正《しょう》定聚《じょうじゅ》のくらいにさだまるとのたまう御《み》のりなり。これを「即得往生」とはもうすなり。「即」は、すなわちという。すなわちというは、ときをへず、日《ひ》をへだてぬをいうなり。おおよそ十方《じっぽう》世界にあまねくひろまることは、法蔵菩薩《ほうぞうぼさつ》の四十八大願《だいがん》の中に、第十七の願に、十方無量の諸仏にわがなをほめられん、となえられんとちかいたまえる、一乗大智海《だいちかい》の誓願《せいがん》、成就したまえるによりてなり。『阿弥《あみ》陀経《だきょう》』の証誠護念《しょうじょうごねん》のありさまにて、あきらかなり。証誠護念の御《おん》こころは、『大経』にもあらわれたり。また称名《しょうみょう》の本願は、選択《せんじゃく》の正因《しょういん》たること、この悲願にあらわれたり。この文《もん》のこころは、おもうほどはもうさず。これにておしはからせたまうべし。この文は、後善導法照禅師《ごぜんどうほっしょうぜんじ》ともうす聖人《しょうにん》の御釈《ごしゃく》なり。

（『唯信鈔文意』聖典五四九～五五〇頁）

「迎」という言葉から、こういう展開をされています。『唯信鈔文意』の「聞名念我総迎来」の釈では、

「迎」は、むかうるという、まつという。他力《たりき》をあらわすこころなり。

（聖典五五一頁）

と、ここではしごくあっさりと、これだけの言葉ですまされています。「迎える」という文字の意味から言いますと、それで尽きるわけです。「自来迎」のところでは、これだけの言葉が展開されています。それは親鸞聖人の信心の核心が、ここに展開されているということがあるわけです。

十二　臨終来迎を期待する心

来迎という言葉は、文字どおり、臨終来迎という第十九願の心です。「化身土巻」には、第十九願の願名があげてあります。

すでにして悲願います。「修諸功徳《しゅしょくどく》の願」と名づく、また「臨終現前《りんじゅうげんぜん》の願」と名づく、また「現前導生《げんぜんどうしょう》の願」と名づく、また「来迎引接《らいこういんじょう》の願」と名づく。また「至心発願《ししんほつがん》の願」と名づくべきなり。

（聖典三二六～三二七頁）

とあります。

第一の「修諸功徳の願」というのは、これは因行に約する名です。諸々の功徳を修するという、そうい

う因行です。それに対して、第二の「臨終現前の願」と第三の「現前導生の願」と第四の「来迎引接の願」の三つは、果益に約するとこう言われています。その第十九願の行の因果です。

これまでの四つの願の名は、諸師に共通する伝統の名です。それに対して五番目の「至心発願の願」というのは、親鸞聖人の独自の願名です。

ところで、伝統の願名としての四つの願名のうち、三つまでが果益をあらわす願名です。つまり、臨終に来迎を得るということが、人間の素朴な宗教心にとって、最も感動を呼ぶことであったのでしょう。

この第十九願を、私たちは頭から自力と考え、自力はだめだとこういうのです。しかし、考えてみますと、まず志をおこし、そしてそのために力を尽くし、そのことによって目的を達成しようとする。これは人間として一番自然な意識の展開ですね。まず志をおこして、おこした志のために、いささかの努力を積んで、その努力によって結果を待つ。

ですからこの第十九願というのは、最も人間的な宗教心の形でございます。それはある意味で、人間存在に根ざしている、そういう宗教心の発露ですね。

ただある意味で、人間にはそういう宗教心に迷うということがあります。求めずにいられないが、求めているものがはっきりしない。そういう問題に応えるのが、つまり「至心発願」です。願生国、つまり人間は本来国を求めている。しかしその国が明らかでない、それにこの我国に生まれんと欲えという、その本願をとおして願生彼国、方向が定まるわけですね。その願生国に欲生我国という本願の叫びが応える。その最初が「発願」、こういういわば宗教心の衝動が願としてひとつの方向を持った願として、実を結んでくるのです。そこに第十九願というものの大きな意味があるわけです。やはりその場合も、第十九願の魅力は、その果益が説かれていることです。臨終の来迎が説かれていることなのです。

臨終というのは、一生涯の歩みが総決算されるときです。ですから自分の一生の歩みがむだではなかった、むなしくなかったということの確証を求めるのが臨終来迎を期する心でしょう。

それに対して、来迎が約束されて、往生が確実にできることが証されるわけですから、臨終来迎ということが願われたのです。

源信僧都の師である良源は、比叡山中興の祖と呼ばれていますが、その良源に『九品往生義』という書物があり、そのなかで四十八願が取り上げられています。良源は、四十八願のなかで第十八願、第十九願、第二十願の三願を根本の願として取り上げています。ところが第十八願は中品、第十九願が上品、第二十願が下品であるとしていて、第十九願が最も尊い願としているのです。

これは言い換えれば、当時の仏教界全体の見方ということにもなるわけです。ではなぜ第十九願を上品の願と見るかと言うと、そこに果益が約束されているという一点に理由があるわけです。来迎が誓われてある。第十八願にはその果益が誓われていません。そういうわけで、第十九願を上品とされているのです。

そのように来迎を期待するというのは、素朴な宗教心の発露であったわけです。

親鸞聖人が、『唯信鈔』の「自来迎」という言葉に、これだけ綿密な、しかも非常に強引な釈をなされたというのは、どこまでもそういう人間の素朴な宗教心をけとばすのではなくて、そういう素朴な宗教心をとおして、願力回向の信心の世界を展開していこうという、そういう意図があるように思います。

来迎という、当時の人びとにとって魅力のある、その宗教心の核心におかれているような言葉をとおして、まったく違う願力回向の世界、本願の世界を親鸞聖人はそこに展開しておられるのです。

『唯信鈔』に引かれているこういう言葉に、親鸞聖人は何かそういう通路を見られたのではないか、人びとの現実的な素朴な宗教心というものに、願力回向の世界を表現していくひとつの手がかりを見つけられたのだと思います。素朴な宗教心を願力回向の世界へと導く通路というものを、親鸞聖人は見ておられたのでしょう。

『唯信鈔』そのものは、非常に素朴な宗教心で書かれたものです。しかしそれでも、聖覚法印は念仏に生きた人です。ですから聖覚法印の心というものは、いわゆる自力の世界というものをたたきつけてというような、そんな姿勢ではけっしてない。やはりそのような人びとに寄り添いながら語られている。そういう聖覚法印の心を受け止められた親鸞聖人が、門弟の方がたに『唯信鈔』を読めとすすめられたのだと思います。そしてさらに、『唯信鈔』についての文意を、『唯信鈔文意』として著されたのです。

『唯信鈔文意』は、別に『唯信鈔文意』と言わなくても、そういう題にしなくてもすむような内容です。この引文されている『五会法事讃』なら『五会法事讃』の注釈書というような題をつけてもいいわけです。にもかかわらず、わざわざ、親鸞聖人は『唯信鈔文意』という名前にして注釈されているのです。

そこには『唯信鈔』というものが持っている、聖覚法印の人徳的なやさしさを大切にされたいお気持ちがあったのだと思います。教学的にはともあれ、人がらのあたたかさというもの、人びとの宗教心に寄り添いながら、念仏者として生きられた、その聖覚法印の『唯信鈔』というものをとおして、そういう精神と言いますか、姿勢において、願力回向の世界を人びとに伝えていこうとされたのではないかと思います。

そういうなかで、転成という、転ずるという、根本の教学の言葉というものが、親鸞聖人の心につちかわれていったのではないか、そういうことを感じていることです。

六、念仏往生の道

一　かの仏の本願に順ずる

さて、つぎに第十八に念仏往生《ねんぶつおうじょう》の願《がん》をおこして、十念のものをもみちびかんとのたまえり。まことにつらつらこれをおもうに、この願、はなはだ弘深《ぐじん》なり。名号は、わずかに三字なれば、盤特《はんどく》がともがらなりともたもちやすく、これをとなうるに、行住座臥《ぎょうじゅうざが》をえらばず、時処諸縁《じしょしょえん》をきらわず、在家・出家、若男《にゃくなん》・若女《にゃくにょ》、老《ろう》・少《しょう》、善《ぜん》・悪《あく》の人をもわかず、なに人かこれに、もれん。

「彼仏因中《ひぶついんじゅう》立弘誓《りゅうぐぜい》　聞名念我《もんみょうねんが》総迎来《そうこうらい》
不簡貧窮《ふけんびんぐ》将富貴《しょうふき》　不簡下智《ふけんげち》与高才《よこうさい》
不簡多聞《ふけんたもん》持浄戒《じじょうかい》　不簡破戒《ふけんはかい》罪根深《ざいこんじん》
但使回心《たんしえしん》多念仏《たねんぶつ》　能令瓦礫《のうりょうがりゃく》変成金《へんじょうこん》」（五会法事讃）

このこころか。これを念仏往生とす。

（『唯信鈔』聖典九一九頁）

『唯信鈔』のこれまでのところは、第十七願を根底におかれていたわけです。それに対して、ここからは第十八願によって述べられてきます。

『唯信鈔』の最初のところには、

ひとつには聖道門《しょうどうもん》、ふたつには浄土門《じょうどもん》なり。（聖典九一六頁）

とあり、聖道門と浄土門の選びというものが第一の選びとしておかれています。そしてその浄土門のなかに、

ただし、この門に、またふたつのすじ、わかれたり。ひとつには諸行往生《しょぎょうおうじょう》、ふたつには念仏往生《ねんぶつおうじょう》なり。（聖典九一七頁）

とあります。これが第二の選びです。そして選びとしては、

つぎに念仏往生の門《もん》につきて、専修《せんじゅ》・雑修《ざっしゅ》の二行《にぎょう》わかれたり。（聖典九一九頁）

と、専修・雑修の選びが第三の選びになります。そういう三つの選びをとおして『唯信鈔』の「唯」という「ただこのことひとつ」ということが明確にされてくるわけです。

今読みましたところは、諸行往生というものをすてて、念仏往生の一行によることが展開されているところで、第十八願によって特に易行というものが押さえられてくるわけです。

念仏往生ということについては、

ふたつに念仏往生というは、阿弥陀の名号《みょうごう》をとなえて往生をねがうなり。これは、かの仏《ぶつ》の本願に順《じゅん》ずるがゆえに、正定《しょうじょう》の業《ごう》となづく。（聖典九一七頁）

とあり、念仏往生ということが「かの仏の本願に順ずるがゆえに」ということで、まず押さえられていました。そして今回のところでは、第十八願によって、

十念のものをもみちびかんとのたまえり。（聖典九一九頁）

と、「十念のものを導く」ということで押さえられているわけです。

「選び」ということ、大きくは三つの選びですが、その選びについて聖覚法印は、

まことに教《きょう》の本意《ほんい》、しるべけれども、末法《まっぽう》にいたり濁世《じょくせ》におよびぬれば、現身《げんしん》にさとりをうること、億億《おくおく》の人の中に一人《いちにん》もありがたし。（聖典九一六頁）

と言われ、「末法」「濁世」「現身」という三つの言葉で表されています。

「現身」ということを開けば、時と世、現身は時代社会において現実に生きているこの身です。これは宗教的課題と言いますか、宗教的な選びということです。聖道門では、具体的に生きている、それが法の選びとなり、方便の法から真実の法へというように、法の真実性が選ばれることになるわけです。それに対して、浄土門では宗教的課題の根底におかれているものが人間だということになります。ですから、「現身」ということが選びの原点になるわけです。言葉を換えれば、浄土門仏教というのは、いかなる事実であれ、人間の事実をけっして切り捨てないことが根本の精神としてになわれてきたということが言えるかと思います。

二　非僧非俗の名のり

聖覚法印は、現身という言葉を使っておられます。現に生きているこの身、その現身に立つとき、けっして修行というものが思いのようには進まないことから、悲歎というものを必ずもつことになる。親鸞聖人は、愚禿という名のりをされます。愚禿という名のりは、越後への流罪ということが直接の動機となっ

ているわけです。『教行信証』の「後序」に、

> これに因って、真宗興隆《こうりゅう》の大祖源空法師《たいそげんくうほっし》、ならびに門徒数輩《もんとすはい》、罪科《ざいか》を考えず、猥《みだ》りがわしく死罪に坐《つみ》す。あるいは僧儀《そうぎ》を改めて姓名《しょうみょう》を賜《たも》うて、遠流《おんる》に処《しょ》す。予《よ》はその一なり。しかればすでに僧《そう》にあらず俗《ぞく》にあらず。このゆえに「禿《とく》」の字をもって姓《しょう》とす。
> （聖典三九八～三九九頁）

と言われています。これによって、一般には「非僧」という名のりは、国家権力によって僧としてのあり方を奪われ、遠流に処せられたということをもって「僧に非ず」と名のられたと押さえられているわけです。

しかし、もしそうだとすれば、そういう意味での「非僧」ということであるとすれば、「愚禿」という名のりも頼りない話になってしまいます。愚禿という名のりも、僧侶としての資格を取り上げられてしまっただけの話になりますね。そうではなく、法難において国家権力によって僧としてのあり方を奪われた、奪われてみてはじめて、今まで「僧である」と自負していたことも、実は国家権力によって認められるという形で成り立っていたにすぎなかった。国家権力によって与えられた僧の資格であればこそ、また国家権力によってその資格を奪いとられることがおこる。ですから、国家権力によって僧としての資格を剝奪されたから「非僧」と言われているということではなく、剝奪されてみて、今までのあり方がはじめて自覚されたということなのです。「非僧」という自覚は、僧の資格を剝奪されたことによって仕方なく、泣く泣く名のった名前ではない。実は大きな自覚を、逆にそのことで開くことができた。それによってはじめて、仏道による僧としての歩みを始めることができたという、そういう自覚が「非僧」だけでなく、「非俗」と名のらせているのです。

つまり、国家権力によって保護されるのも、弾圧されるのも、それは仏道における僧という自覚から言えば同じこと、保護されている間は国家を認め、弾圧されたらその非道を云々するということであれば、そこには仏道に生きる僧としての歩みは見いだせないことになります。

「禿の字をもって姓とす」と言われますが、姓というのはひとつのいのちの流れを名のる、我が身に伝わっているいのちの流れを名のるのが姓です。「禿の字をもって姓とす」ということは、けっして個人的な名のりではないのです。そうではなく、実は仏道における僧ということに立ってはじめて、「禿」と名のって生きてきた人びとの歴史というものが見えてきたということがあるのでしょう。

親鸞聖人にとって、「禿」と名のられた一番身近な方は伝教大師でしょう。伝教大師の発願には、「塵禿の有情、底下の最澄」と言われています。もちろん伝教大師は、聖道門自力の道を日本において大成された方ですが、しかもその願文のなかで、「塵禿の有情、底下の最澄」とか「愚の中の極愚、狂の中の極狂」という名のりをされているのです。そこには、仏道を歩みながらすこしもその歩みが進まないという悲歎が、真剣に見つめられているのでしょう。伝教大師最澄においては、だからこそいよいよその行というものに自分の力のすべてを尽くさなければならないという、そういう方向に目が向けられていくわけです。しかし同時に、その底には「塵禿の有情、底下の最澄」とか「愚の中の極愚、狂の中の極狂」と言わざるをえない悲歎というものが、やはり流れているのです。

「禿」という名のりのなかには、仏道に立ち、仏道を歩みながら、しかもその歩みがすこしも進まない、そういう我が身の現実というものへの深い悲歎があるわけです。そういう悲歎というものが、一貫しているわけです。ただそういう歎きのなか、悲歎にこそ、現実の時代社会を生きる人間の菩提心があると見たのが浄土門なのです。伝教大師にあっては、悲歎においていよいよ経教のごとくに歩もうという菩提心を確かめられた。真実の菩提心に生きるべきであるということで、山に籠もって十二年過ごすというような、十二年籠山行という、ひたすら一切の欲を絶って結界のなかで行を進めるというようなことがされるのです。

それに対して、浄土門にあっては、そういう悲歎にこそ菩提心が発露していると見いだしていくのです。ですから、「禿の字をもって姓とす」というところには、そういう悲歎を生きた人びとの流れがあります。悲歎を生きた人びとの流れというものに、自らもまた生きていくという、そういう名のりがあらわれていると言っていいかと思います。そしてまた、仏教の歴史が文字どおり、仏教の僧伽の歴史としての意味を表すということを、この「禿」の名のりは示していると思います。

私たちは、常に真実を求めるわけですが、真実を生きることは真実の名において他を批判することにもつながるのです。そのことのもっている危険性があります。人間から人間性を奪いとるものは真実という名であり、正義という名であり、そういうものを自己の側に立てるときに、司馬遼太郎氏が指摘していますように、「人間は正義の名を自分に掲げたときには、どんな残酷なことでもする」、そういうものになってしまう。木下順二氏が、自分のドラマをつくっていくときの根本的な思想は、「正義に生きるということが結果として自己の不正義を思い知らされることになる」という認識だと言っておられます。「真実を生きる」ということが、自己を真実なる存在にするのではなく、結果として「自己がいかに真実ならざるものであるか」を思い知らされる、そういう結果になっていく。そういうように、真実に生きるということが、最も深く、そしてそれは改めようがないほどの危ういあり方に人間を落としこんでいくということがあるのです。

ですから、悲歎するほかない身、しかもその悲歎のなかに人間の願心を見る、願心を聞きとるということ、そういうことが浄土門というものの根底に流れている基本の精神であるように思います。

善導大師の「二河の譬喩」に、

譬《たと》えば、人ありて西に向かいて行《ゆ》かんと欲《ほっ》するに百千の里ならん、

(「信巻」聖典二一九頁)

とあります。これは、どこかに人がいらっしゃってという話ではなく、言葉を強めて言えば、「もし人間として生きようとしている人があるならば、人間として生きている人があるならば、その人は必ず西に向かいて行かんと欲する」ことがおこるということです。「西に向かいて行かんと欲する」という、「西に向かいて」ということは、これから理想を実現していくという方向ではなく、人間としてのいのちの事実に帰していくという、ものみなが帰する方向というのが、西という方向がもっている感覚です。

カントは、「戦争状態というのは非常時ではない。戦争状態が日常状態、人類における日常状態だ」と言っています。私たちは先の戦争のとき、「非常時だから」と言われてきました。戦争中は、非常時だと思っていました。ところが、カントによれば、「戦争状態は非常時ではない、日常状態である」と言うのです。人間における自然状態はまさにそうですね。人類の歴史というのは戦争の歴史です。戦争というのは、直接銃をとって戦っているときだけではありません。他の国を、自分の国に対して脅威として意識しているときは、もはや戦争状態です。

そういうことをあらためて思いますと、私たちの反戦、平和のための歩みは、単に戦争が愚行であって、「そんな愚かなことをする奴はだめな奴で、私たちは平和のために平和を築くんだ」ということではとて

もにないきれない。けっしてそういうことでは応えていけない問題が、そこにはあるように思います。戦争状態が、人間の自然な状態であるところに目をすえ、身をすえて、いかに戦争というものを超えていくのかということになりますと、それは単に私たちが正義の旗を振るということではけっしてすまないようなものです。さらに本質的に、自分自身の自然というもの、自己自身の自然な心情というものをも、同時に否定していく歩みにならざるをえないのでしょう。

そういうことが、「西へ向かう」ということの問題として、問題の解決のために自分が努力するという意識ではなしに、自分も共にそれを超えていくということが開かれてくるだろうと思います。

聖覚法印は、

不簡貧窮将富貴《ふけんびんぐしょうふき》　不簡下智与高才《ふけんげちよこうさい》
不簡多聞持浄戒《ふけんたもんじじょうかい》　不簡破戒罪根深《ふけんはかいざいこんじん》
（聖典九一九頁）

と、貧窮《びんぐ》と富貴《ふき》、下智《げち》と高才《こうさい》、多聞持浄戒《たもんじじょうかい》と破戒罪根深《はかいざいこんじん》という違いを「不簡（えらばず）」とされています。「簡び」をすてて「簡ばず」と言う。つまり私たちの価値意識というものを全部否定する世界です。涅槃というのは、私たちの価値意識がすべて否定された世界です。そういうところに、「末法」「五濁」に生きる「現身」という言葉で、聖覚法印は「不簡（えらばず）」というものを展開していかれた。「現身」という言葉のもっている重みを、あらためて思うことでございます。

三　一念にてたれり

聖覚法印は、

さて、つぎに第十八に念仏往生《ねんぶつおうじょう》の願《がん》をおこして、十念のものをもみちびかんとのたまえり。まことにつらつらこれをおもうに、この願、はなはだ弘深《ぐじん》なり。名号は、わずかに三字なれば、盤特《はんどく》がともがらなりともたもちやすく、これをとなうるに、行住座臥《ぎょうじゅうざが》をえらばず、時処諸縁《じしょしょえん》をきらわず、在家・出家、若男《にゃくなん》・若女《にゃくにょ》、老《ろう》・少《しょう》、善《ぜん》・悪《あく》の人をもわかず、なに人《びと》かこれに、もれん。

（『唯信鈔』聖典九一九頁）

こう言われて、『五会法事讃』を引いておられます。

そこに「十念のものをもみちびかんとのたまえり」。この言葉は、法然上人以前は、第十八願を「十念往生の願」としてきたことによっています。その場合は、「十念」ということが文字どおり、「十念等の念仏」という意味で押さえられてきたわけです。それを善導大師において、第十八願文に、

十方衆生、心を至し信楽《しんぎょう》して我が国に生まれんと欲《おも》うて、乃至十念せん。

（『無量寿経』聖典一八頁）

と、「十念」の上に「乃至」がついていることに注目されまして、この「十念」は「十念」に限るのではないとされたのです。ただ善導大師にあっては、伝統の「十念往生」という願名を使っておられますけれども、それを善導大師の教えをとおして法然上人がはじめて「念仏往生」と名づけられてきた。その「念仏往生の願」というところには、「乃至十念」という意味が押さえられてくるわけです。

善導大師は、『往生礼讃』で、

しかるに弥陀《みだ》世尊、もと深重《じんじゅう》の誓願《せいがん》を発《おこ》して、光明名号《こうみょうみょうごう》をもって十方を摂化《せっけ》したまう。ただ信心《しんじん》をして求念《ぐねん》せしむれば、上一形《かみいちぎょう》を尽《つ》くし、下十声《しもじっしょう》・一声《いっしょう》等に至るまで、仏願力《ぶつがんりき》をもって往生《おうじょう》を得易《やす》し。

（「行巻」聖典一七四頁）

と言われます。

「上一形を尽くし」というのは、形のある間、一生涯を尽くして念じるということです。そして、十声の念仏、さらには一声の念仏に至るまで等しく、「仏願力をもって往生を得易し」というのが、「乃至十念」という言葉の意味です。その善導大師の言葉を受けて、「上一形を尽くし、下十声・一声等」という念仏という意味と理解されるようになってきます。聖覚法印も、第十八願を「念仏往生の願」と名づけられた法然上人の教えを受けておられるわけです。

さらに、親鸞聖人にあっては、ただ「念仏」ではなく、「念仏申す心」を深く問うていかれまして、第十八願の「至心信楽欲生我国」というところに第十八願の生命を見いだしてこられて、「至心信楽の願」と名づけられたわけです。「信巻」には、

この心すなわちこれ念仏往生《ねんぶつおうじょう》の願より出《い》でたり。この大願《だいがん》を選択本願《せんじゃくほんがん》と名づく。また本願三心《ほんがんさんしん》の願と名づく、また至心信楽《ししんしんぎょう》の願と名づく。また往相信心《おうそうしんじん》の願と名づくべきなり。

（聖典二一一頁）

と言われています。

「この心すなわちこれ念仏往生の願より出でたり」と、法然上人の「念仏往生の願」という願名を受けておられます。そして「この大願を選択本願と名づく」と言われ、四十八願全体が選択本願であるわけで

すが、その全体を表す「選択本願」という名前を、特に第十八願にもってこられた。そのことで、第十八願のことを四十八願の名だと、本願だと言われているのです。

聖道門の立場では、四十八願を取りあげる場合、第十九願を最高の願とみなしています。第十九願には、修行によって「臨終来迎」を約束されている。そのために、第十九願を他の願に比べて優れた願であるとする見方がされていたのです。

第十八願を、「至心信楽の願」と名づけるのは、源信の師匠の良源の『九品往生義』のなかに出てきます。さらに親鸞聖人は、

また本願三心《ほんがんさんしん》の願と名づく、また至心信楽《ししんしんぎょう》の願と名づく。また往相信心《おうそうしんじん》の願と名づくべきなり。

（「信巻」聖典二一一頁）

と、第十八願を信心において名づけられ、そこでは、念仏を自力の念仏と選んで、第十八願の心をあきらかにすることが願われているわけです。

ここで聖覚法印は、「念仏往生の願」と言われますが、これは、法然上人によってはじめてあきらかにされた願名です。その次に聖覚法印は、「十念のものをもみちびかんとのたまえり」と言われます。これで、聖覚法印は「十念の念仏」というところに第十八願を見ておられるように思われるわけです。たしかに、『唯信鈔』には、

いま、この十念というにつきて、人うたがいをなしていわく、（中略）十念といえるは、ただ称名《しょうみょう》の十返《じっぺん》なり。本願《ほんがん》の文《もん》これになずらえてしりぬべし。

（聖典九二四〜九二五頁）

こういう押さえをしておられます。

しかし、『唯信鈔』全体の結びのところでは、

つぎに、念仏を信ずる人《ひと》のいわく、往生浄土《じょうど》のみちは、信心《しんじん》をさきとす。信心決定《しんじんけつじょう》しぬるには、あながちに称念《しょうねん》を要《よう》とせず。『経』（大経）にすでに「乃至一念《ないしいちねん》」ととけり。このゆえに、一念にてたれりとす。遍数《へんじゅ》をかさねんとするは、かえりて仏《ほとけ》の願《がん》を信ぜざるなり。念仏を信ぜざる人とて、おおきにあざけりふかくそしると。（聖典九二八頁）

と言われます。さらに、

一念にたれりというは、その理《り》まことにしかるべしというとも、遍数《へんじゅ》をかさぬるは不信《ふしん》なりという、すこぶるそのことばすぎたりとす。一念をすくなしとおもいて、遍数をかさねずは往生しがたしとおもわば、まことに不信なりというべし。往生《おうじょう》の業《ごう》は一念《いちねん》にたれりといえども、いたずらにあかし、いたずらにくらすに、いよいよ功《こう》をかさねんこと要《よう》にあらずやとおもうて、これをとなえば、ひめもすにとなえ、よもすがらとなうとも、いよいよ功徳《くどく》をそえ、ますます業因決定《ごういんけつじょう》すべし。（中略）このゆえに、一念決定《いちねんけつじょう》しぬと信じて、しかも一生おこたりなくもうすべきなり。これ、正義《しょうぎ》とすべし。（聖典九二八頁）

ということで『唯信鈔』は結ばれています。

これを見ますと、聖覚法印も親鸞聖人と同じく、「一念でいいのだ、多念は本願を信じない姿だ」というのに対して、「いや、願文の如くに十念称えなければだめだ」という、一念、十念、そのいずれにしろ、数にこだわるのは共に本願を信ぜざる姿としておられます。「一念決定しぬ」と信じて、しかも「一生おこたりなくもうすべきなり。これ、正義とすべし」という言い方がされております。そういうことを、

『唯信鈔』全体のなかでの流れをいちおう念頭においておかなくてはなりません。

四　この願、はなはだ弘深なり

ただいまのところでは、わざわざ「十念のものをもみちびかんとのたまえり」とあります。この言葉は、実は「十返となえたものをも」ということではありません。「十念のものをも」というのは、「臨終の悪人をも」という。「下品下生」に「具足十念《ぐそくじゅうねん》」（『観無量寿経』聖典一二〇〜一二一頁）ということがはじめて出てくるわけで、「下品下生」の「臨終の悪人」をふまえて「十念のものをも」と言われているのです。「臨終の悪人」というのは、肉体的にも精神的にも、よりよくということを求めない姿ですね。これからよりよくなっていくことが望めない、いかなる意味においても向上ということが望めない存在です。そういう者がそこに押さえられまして、だからこそ先の文章において「行住座臥をえらばず、時処諸縁をきらわず」、学びとることができなかった周利槃特《しゅりはんどく》でもたもちやすく、だれもがその名を称えることはできることを押さえてくるわけです。そのための「十念のもの」という言い方です。

まことにつらつらこれをおもうに、この願、はなはだ弘深《ぐじん》なり。（『唯信鈔』聖典九一九頁）

「弘」は広い、「深」は深い。ただこの「弘」は弓を力いっぱい引いたときの腕の形、広いと言いましても自分の腕のなかに包みこむ広さ、包みこむことの広さを表すのが、「弘」という字のもっている意味です。ふところの広さ、そこから包容すること、包みこむことの広いことを表すと、辞書にも出ています。包みこむことの広さは、『浄土論註』の眷属功徳のところにあります。

遠く通ずるに、それ四海の内みな兄弟とするなり。

（『証巻』聖典二八二頁）

ここで、「四海の内みな兄弟となる」ではなく、「兄弟とするなり」とあります。「兄弟とする」ということは、兄弟でないものと向かいあう。遠く通ずるということは、自分たちの世界と異なる人びとと通じる。通ずるとは、ごく身近に言えば、眼差しを向けるということでしょう。

第十八願ともかかわってきますが、『阿弥陀経』は釈尊に帰依した須達多《すだった》長者が建立した祇園精舎《ぎおんしょうじゃ》で説かれています。須達多長者は、給孤独《ぎっこどく》長者とも言われ、貧しくて孤独な人びとに食べ物を施した人として知られています。中国では「鰥寡孤独《かんか》」という言葉で言われます。『孟子』によれば、「鰥《かん》」は年老いてから妻を失った男、「寡《か》」は年老いてから夫を失った女、「孤」は父親がいなくなった子、「独」は子どものいない老人です。そのような人びとに、須達多長者が食事を施されたのです。

さらに、『阿弥陀経』は、無問自説の経だと言われています。つまり、「こういうことについて説いてください」と、直接に頼んだ人はいない。しかし実は、釈尊が「鰥寡孤独」なる人びとから問い詰められた。自らが仏陀であることの意義を問い詰められた、自問自答の経典ということです。「鰥寡孤独」の人びとはそれこそ修行どころではありません。その日その日、須達多長者の情けによって命を生きながらえている人たち。その人たちが、須達多長者によって衣食を与えられることにおいて、かえって人間としての寂しさ、虚しさを深く意識するようになる。衣食がない間は、衣食を確保することに夢中です。いちおうそれが与えられてみれば、いよいよ自分たちのあり方がまことに居り場のない、所在のないものとして深く悩まれてくる。そういう人びとのなかに立ったのが、『阿弥陀経』の釈尊ですね。そういう人びとと遠く通じた『阿弥陀経』における釈尊は、そこに釈尊の出世本懐を表す。釈尊自らが、仏陀として生まれていることの意味を自らに問い続けた。そういう経典だということです。

「遠く通ずる」というところに、広いという意味がある。どれだけ広く包みこんだとしても、包みこんだものだけを相手にしていれば狭い。包みこんだものだけを相手にしていれば、いつか包みこんだということが壁になる。閉じられた世界になるでしょう。「遠く通ずるに、四海の内みな兄弟とする」、それは言い換えれば「常に自分の世界を破る」ということでしょう。自分の世界をすてて歩み出る。

「弘」について親鸞聖人は、『唯信鈔文意』において、釈しておられます。

「弘」は、ひろしという、ひろまるという。「誓」は、ちかいというなり。法蔵比丘《ほうぞうびく》、超世《ちょうせ》無上のちかいをおこして、ひろくひろめたまうともうすなり。（聖典五五〇頁）

ここでは「弘」は「ひろまる」という意味になっています。できあがったものが広いというだけではなくひろまる、遠く通じていく。常にひろまり続けていく。常に新たなる存在と向かいあっていく。そういう意味がここには押さえられているかと思います。このあと、親鸞聖人は『唯信鈔文意』でこまかく釈を施してくださっています。

そのなかで「能令瓦礫変成金」、この言葉に特に親鸞聖人が生きられた視座というものが示されてくる。

いし・かわら・つぶてのごとくなるわれらなり。（聖典五五三頁）

そういうことが、『唯信鈔文意』の釈のところで展開されています。そのことについて、もう少し考えさせていただこうと思います。

五　一人ひとりのうえに本願が成就してきた歴史

『唯信鈔』に引文されている『五会法事讃』の文を、親鸞聖人が『唯信鈔文意』でこまかく釈しておられます。そこで、「聞名念我総迎来」について、

「聞名念我《もんみょうねんが》」というは、「聞《もん》」は、きくという。信心をあらわす御《み》のりなり。「名《みょう》」は、御《み》なともうすなり。如来《にょらい》のちかいの名号《みょうごう》なり。「念我」ともうすは、ちかいのみなを憶念《おくねん》せよとなり。（聖典五五一頁）

と言われています。信心ということが、私たちの心で何かを確かなものとして信ずるという意味ではなく、いうならば歴史となって行じてきている本願の法を聞くということとして教えられているわけです。

大行・大信という場合の「大」が、歴史を表す。「大行」という場合、私たちが実践するという意味での行ではなく、親鸞聖人にあっては「真実の行」というものは、本願の法というものが人を生み出してくるというものなのです。人を生み出してきた歴史、その人びとによって証されてきた歴史の歩みそのものが真実の行で、それが「大行」と受け止められているわけです。第十七願の「諸仏称揚の願」が、真実の行というものを証しされるわけですが、そのことから言えば仏陀の背景、仏陀を生み出した、釈尊を生み出した諸仏の歴史。さらに、仏陀によってこの私たちの時代社会のなかに生み出された諸仏を証するものなのです。弥陀諸仏と釈迦諸仏をあきらかにする。弥陀諸仏と言われますが、親鸞聖人にあっては弥陀も釈迦も絶対者ではありません。弥陀にも諸仏、釈迦にも諸仏、諸仏をもって語られることがあります。阿

弥陀仏の「光明無量の願」は、諸仏を照らす光明です。阿弥陀仏自身を証する光明ではなく、諸仏を証する光明です。

「真仏土巻」の最初に、第十二願「光明無量の願」があげられまして、「願成就の文」として経文が引かれています。そこに、

このゆえに無量寿仏は、無量光仏《むりょうこうぶつ》・無辺光《むへんこう》仏・無碍《むげ》光仏・無対《むたい》光仏・炎王《えんのう》光仏・清浄《しょうじょう》光仏・歓喜《かんぎ》光仏・智慧《ちえ》光仏・不断《ふだん》光仏・難思《なんし》光仏・無称《むしょう》光仏・超日月光《ちょうにちがっこう》仏と号す。（聖典三〇〇頁）

と、十二の名をもって徳が記されています。そして続いて、

無量寿仏の光明顕赫《こうみょうけんかく》にして、十方諸仏の国土を照耀《しょうよう》して、聞こえざることなし。（聖典三〇一頁）

とあります。つまり、無量寿仏の光明というのは、「十方諸仏の国土を照耀」するものなのです。これが、無量寿仏のはたらきです。

弥陀諸仏という諸仏は、『無量寿経』で言えば「菩薩衆」の背景として五十三仏の歴史がある。『無量寿経』の説法そのものは、五十三仏の歴史を説くことから展開しています。

『法華経』にも列名ということがあります。ただ『法華経』の場合は、無数の仏の名前が全部同じ名前です。「日月燈明如来」など、諸仏の名が全部同じ名だとされています。それに対して、『無量寿経』の五十三仏の列名は、一人ひとり名が違う。これは興味を引くものです。同じ列名であっても、『法華経』の列名と『無量寿経』の列名に違いがある。違いの意味するところを思いますと、『法華経』の「皆同一字」ということは、人が法のごとく成就していった名だということです。名が全部同じだということは、到達したところが同じだということで、その身に成就したものが同じなのです。その名において、存在が

輝いているということですが、その名が皆同じ。それは、遂げられたものが同じ境地だということですね。「如法」の境地に到達している。限りなく法にひとつになっていったということ。どこまでも法のごとくあらんという、願いにおける歩みだということです。

それに対して、『無量寿経』の五十三仏列名の場合は、一人ひとりの名が違うのです。それは人が真実の法に向かうという、『法華経』の方向とは違っていて、法が一人ひとりの存在を輝かしてきた歴史を表しているのです。一人ひとりの名が違うということは、になった行が違うということです。それぞれがそれぞれに、になっていった行において法が輝いていく。一人ひとりの行をとおして、法がそれぞれの存在をそれぞれに輝かせる。法がそれぞれの現実に応えていく、そういう歩みなのです。本願の歩みは、仏の心のなかでおこされた願が成就したということではなく、仏のおこされた願が、すべての存在を動かしていく、輝かしていくところに成就がある。成就ということは、願が願に止まらず、願が力となったということです。歩みの一歩一歩が願をあきらかにしていく。願が力を成就し、力が願をあきらかにしていく。

親鸞聖人は、「行巻」に、『浄土論註』を引かれて、

願もって力《りき》を成ず、力もって願に就《つ》く。願、徒然《とねん》ならず、力、虚設《こせつ》ならず。力・願相符《あいかの》うて畢竟《ひっきょう》じて差《たが》わず。かるがゆえに成就と曰《い》う。（聖典一九九頁）

こう言われています。つまり願っていたことが現実になった、願っていたことが完成したことが成就ではない。私たちは、願の成就ということを、願っていたことが実現した、願いが実現したことをもって願の成就と思うわけですが、そういう成就は成就とともに願は消えるわけです。成就してしまえば、願は満足とともに消える。

ところが、本願成就はけっして本願が消えることではない。本願が歩みだすこと、法蔵菩薩がおこされた願が、法蔵菩薩のところに止まっているなら、それは本願ではない。そこで『無量寿経』の列名と『法華経』の列名の違いが、ひとつ注意を引くわけです。『無量寿経』の列名は、一人ひとりのうえに本願が成就してきた歴史。そして釈迦諸仏の諸仏は、親鸞聖人にあっては「三国七高僧」です。それは本願によって生み出された人びとです。そして本願が伝えられていくわけです。釈尊をとおしてはたらくところに、『無量寿経』がある。そういう歴史的な歩み、人を生み出し続けてきた歴史。その歴史を受け止めた心が大信です。行者のすすめを聞きとった心です。

六　金剛不壊の心

そして「念」につきましては、『唯信鈔文意』では、

「念我」ともうすは、ちかいのみなを憶念《おくねん》せよとなり。　（聖典五五一頁）

と言われていました。また、『愚禿鈔』においては、

正念の言は、選択摂取《せんじゃくせっしゅ》の本願なり、また「第一希有《けう》の行《ぎょう》」なり。金剛不壊《こんごうふえ》の心なり。　（聖典四五五頁）

と、「本願」と「希有の行」と「不壊の心」としてあきらかにされています。その意味では、念というのは、私たちの願を呼びさまし、私たちの歩みを呼びおこす。そしてその願と行において、不壊なる心、「金剛不壊の心」と言われますが、壊れないものとなる。これもおこした願とか行において、自分の願とか行を固く握りしめて壊れないように、手離さないようにしている心ということではけっしてありません。

親鸞聖人にあって、金剛不壊というのは柔軟心なのです。自分の心というのを、どれほど固く守っていたとしても、私を取り巻く状況は変わっていくわけです。そういう状況と無関係に、自分の願とか行を握りしめているならば、結果としては退転していくことになります。不退転というのは、到達したところから一歩も下がらないということではない。自分の歩みをどれほど固めても、時代社会から無縁になるなら退転していることになります。ですから、不退転というのは、限りない歩み、到達したところから不退転ではなく、歩みにおいて不退転になるのです。自分が到達したところから退転しないというのは、かたくなということでしかない。かたくなであることと、金剛不壊は違うのです。信心の歩みというのは、だんだん賢く立派になっていく歩みではない。いうならば、だんだん素直になっていく。柔軟心というのは、意識が透明になっていく、先入観念に染まらないこと。既成概念に染まっていかない。それに左右されない透明さ、意識の透明さということが、限りなく事実に素直にしたがうことになる。したがうとは言っても、何でもかんでもしたがうということではありません。自分の手持ちの物差しではからないということです。したがうということは、事実が語ってくることを聞きとるということでもあります。

「自分の手持ちの物差し」ということで言えば、平野恵子という人の『子どもたちよ、ありがとう』という本が思われます。平野恵子さんは、岐阜県の高山の寺に嫁いでいかれて、幼い子どもを三人残して癌で亡くなられた方です。平野さんは、自分が癌であり、余命が短いことを聞かされて、残していく子どもたち一人ひとりに手紙を書き綴られたのです。その文章を、お兄さんが本にされたのが、『子どもたちよ、ありがとう』です。

その平野さんが、子どもたちに、このことひとつは忘れないでほしいという思いをもって、「ものさしのいらない世界」という文章を残しておられます。そこで平野さんは、自分はこれまで、自分の物差しでまわりのものすべてをはかってきた。それによって、自由自在にはかれるし、何ひとつこわいものがないような思いで、自分の物差しではかって生きてきた。

結婚して子どもができた。ところが上の男の子は、学校から帰ってから遊びにいくと、そのあと村じゅうを謝って歩かなければならないほどのやんちゃ坊主で、勉強はすこしもしない。下の女の子は、生まれてから病気で、立つことも、ものを言うこともできない。今までの物差しではかったら、それは「だめな子」であり、「価値のない子」であるという答えしか出てこない。実際、女の子と死ぬことまで考えた。

ところが、たまたま外から帰ってきた男の子が、その女の子に「ただいま」と言って、

「○○ちゃん、きれいだね、顔もおなかも手も足も。みんなの宝だもんね」

と声を掛けた。その男の子の言葉を聞いて平野さんは愕然とする。今まで自分の思いで固め、思いだけでつくりあげていた物差し、それではかって価値を決めていた。そういう自分の物差しが、いかに自分勝手な思いだけでつくられたものであったか。一人ひとりの価値に出会っていくということが必要であったということが書かれています。

私たちは、すべて物差しでものの価値、優劣を決めている。自分の物差しではかって決めつけていくところに、かたくなな心があるわけです。

「金剛不壊の心」というのは、「信巻」に、

大信心はすなわちこれ、長生不死《ちょうせいふし》の神方《しんぽう》、欣浄厭穢《ごんじょうえんえ》の妙術《みょうじゅつ》、選択回向《せんじゃくえこう》の直心《じきしん》、利他深広《りたじんこう》の信楽《しんぎょう》、
金剛不壊《こんごうふえ》の真心、

（聖典二一一頁）

濁世《じょくせ》の庶類《しょるい》・穢悪《えあく》の群生《ぐんじょう》、金剛不壊《こんごうふえ》の真心を求念《ぐねん》すべし。

（聖典二七二頁）

というように、「信巻」の最初と最後に「金剛不壊の真心」という言葉がおかれています。「金剛不壊の真心」というのは、限りなく歩み続ける信心の姿です。そういう意味で、信心において世間的にだんだん賢くなっていくのではない。それよりも、信心において透明になる、素直になる。素直になるということは、言い換えれば、感覚が鋭敏になることでもありましょう。信心の智慧において、思い知らされますことは、自分がいかに鈍感であったかということです。人間のいのちの事実というもの、人間の生活の現実というものに、いかに鈍感なままに生きていたか。

「求念すべし」の「念」というのは、その意味では、何か特別に生活のなかでひとつのことを思うことではなく、生活の全体が常にそのこととして念じられていく。あらゆることがらが、その道の内容として念じられていくことを意味するかと思います。

七　「来」は、かえるという、きたらしむという

次に、「聞名念我総迎来」の「迎来」という言葉ですが、『唯信鈔』の『五会法事讃』では、

但有称名皆得往《たんうしょうみょうかいとくおう》　観音勢至自来迎《かんのんせいしじらいこう》

（聖典九一八頁）

彼仏因中立弘誓《ひぶついんじゅうりゅうぐぜい》　聞名念我総迎来《もんみょうねんがそうこうらい》

（聖典九一九頁）

とあって、先には「来迎《らいこう》」、後には「迎来《こうらい》」とあります。これは本質的な違いはないでしょう。「自来迎」という言葉について、親鸞聖人は、『唯信鈔文意』でこまかに注をつけられ、「総迎来」という言葉にもこ

まかに解釈をつけておられます。あわせて見ていただきたいと思います。

『唯信鈔文意』で、「聞名念我総迎来」の「迎来」について、親鸞聖人は、

「迎《こう》」は、むかうるという、まつという。他力《たりき》をあらわすこころなり。「来」は、かえるという、きたらしむという。法性《ほっしょう》のみやこへ、むかえいて、きたらしめ、かえらしむという。法性《ほっしょう》のみやこより、衆生利益《しゅじょうりやく》のために、この娑婆界《しゃばかい》にきたるゆえに、「来」をきたるという。法性のさとりをひらくゆえに、「来」をかえるというなり。（聖典五五一頁）

と、注意すべき釈をつけておられます。

また、「観音勢至自来迎」の「来迎」については、

「来迎《らいこう》」というは、「来」は、浄土《じょうど》へきたらしむという。これすなわち若不生者《にゃくふしょうじゃ》のちかいをあらわす御《み》のりなり。穢土《えど》をすてて、真実報土にきたらしむとなり。すなわち他力《たりき》をあらわす御《み》ことなり。また「来」は、かえるという。かえるというは、願海《がんかい》にいりぬるによりて、かならず大涅槃《だいねはん》にいたるを、法性《ほっしょう》のみやこへかえるともうすなり。法性のみやこというは、法身《ほっしん》ともうす如来《にょらい》の、さとりを自然《じねん》にひらくときを、みやこへかえるというなり。これを、真如実相《しんにょじっそう》を証すともうす。無為法身《むいほっしん》ともいう。滅度《めつど》にいたるともいう。法性《ほっしょう》の常楽《じょうらく》を証すともうすなり。このさとりをうれば、すなわち大《だい》慈《じ》大悲きわまりて、生死海《しょうじかい》にかえりいりて、普賢《ふげん》の徳に帰《き》せしむともうす。この利益《りやく》におもむくを、「来」という。これを法性のみやこへかえるともうすなり。「迎《こう》」というは、むかえたまうという、まつというこころなり。（聖典五四九頁）

と言われています。このように、「迎来」ということについて、繰り返しこまかな釈をつけておられると

ころに、「迎来」「来迎」という言葉に親鸞聖人が注意を向けておられたということが思われるわけです。

そこで、「来」について、「法性のみやこへかえるともうすなり」というように、ひとつには「かえる」という釈がつけられています。もうひとつは、

法性《ほっしょう》のみやこより、衆生《しゅじょう》利益《りやく》のために、この娑婆界《しゃばかい》にきたるゆえに、「来」をきたるというなり。

（『唯信鈔文意』聖典五五一頁）

と言うように、娑婆世界へ「きたる」という釈がつけられています。

このように、「法性のみやこへかえる」「娑婆世界にきたる」という釈をつけられることで、そこに「往還二相」という二つの相の意義を、「来」の一字に見ておられることが注意されるわけです。

往還二相ということですが、一般的には、浄土に生まれ、そしてまた浄土から還ってくるという、往って還ってという個人の歩みとして往相・還相を見るということがあるわけです。しかし、親鸞聖人にあって、はたしてそういうことだったのか。本来、この往相・還相ということは、真実の回向に「往」という相と「還」という相があるということです。ひとつのものの二面であって、けっして個人が往って還ってという話ではないのです。

七、他力回向の信心

一　信心は歴史に生きる心

他力回向の信心というものは、個人の心で法を信じることではなく、本来、歴史の心なのです。歴史を聞き、歴史に生きる心なのです。その信心は、

選択《せんじゃく》回向《えこう》の直心《じきしん》、利他深広《りたじんこう》の信楽《しんぎょう》、金剛不壊《こんごうふえ》の真心、（「信巻」聖典二一一頁）

とあるように、「利他深広の信楽」なのです。ですから、それは、個人よりも広く深い。ひとりの信心は、一人ひとりのうえに成就する心ですが、それはその個人を超えている。人を超えたものが人のうえにおこる。

これは、願ということにおいても同じです。法蔵菩薩の本願は、

この義弘深《ぐじん》にして我が境界《きょうがい》にあらず。（『無量寿経』聖典一四頁）

と言われます。私のなかにおこってきた願であっても、それは私の境界を超えている。「非我境界」（『無量寿経』聖典一三頁）なのです。

韋提希の場合も同じことです。韋提希は、

唯《やや》、願わくは世尊、我《わ》がために広く憂悩《うのう》なき処《ところ》を説きたまえ。我当《われまさ》に往生《おうじょう》すべし。閻浮提《えんぶだい》・濁悪世《じょくあくせ》

をば楽《ねが》わず。（『観無量寿経』聖典九二頁）

と浄土に往生することを願っています。これを善導大師は、「通請所求（通じて所求を請う）」（「序分義」真聖全一、四八五頁）と言われています。

この願いというのは、韋提希自身のなかに目覚めた願い、韋提希のなかにおこった心であるけれども、明確に言い当てられるものではない。そういう心であるから「通請」と言われ、憂いなき世界という、漠然とした求め方しかできない。

そのような「通請所求（通じて所求を請う）」という韋提希の願いを受けて、釈尊が、

かくのごときらの無量の諸仏の国土あり。厳顕《ごんけん》にして観《み》つべし。韋提希《いだいけ》をして見せしめたまう。（『観無量寿経』聖典九三頁）

と、「諸仏の浄妙《じょうみょう》の国土」（『観無量寿経』聖典九三頁）を韋提希に見せられたのです。そのように、諸仏の歴史世界を見ることをとおして、韋提希は、

我いま極楽《ごくらく》世界の阿弥陀仏《あみだぶつ》の所《みもと》に生まれんと楽《ねが》う。（『観無量寿経』聖典九三頁）

と、「極楽世界」を求めるということができたのです。善導大師は、これを「別選所求（別して所求を選ぶ）」（「序分義」真聖全一、四八七頁）と言われています。諸仏の歴史世界を見ることによって、漠然としていた理解が明確になる。それによって、自分が求めるべきものが何であったかが言い当てられることがおこってくるのです。

そういうように、願においても、それは「深広」です。自分の夢ではない。私のおこした願いは、逆に「願が私を促してくる」という姿です。自分を促してくるものを言い当てるということでしょう。「深広」

の心だから、その心に生きる人がひとり生まれるとき、その人の歩みが、すべての人びとの歩みを呼びさますものとなるのでしょう。個人的な能力によっておこしている願ならば、それは個人のものです。しかしその人が、つまり私を超えたものに遇ったとき、はじめて私というものがはっきりする。私の意識をいくら積みあげてきても、私ははっきりしてこない。自己を超えたものに遇ったときにはじめて、自己を知ることができる。本来、個というもの、自己というものは、自己を超えたものにおいて自己となる。歴史や世界に目覚める。ひとりの人間が自己を回復していく歩みは、すべての人間が自己を回復しようとするとき道になる。単にその人の場合に止まらず、それは個人が個人の能力において順調に歩んでいるときには、「深広」なる世界に遇うことはできない。ところが、第十九願の自力の歩みであるかぎり、人間は必ず行きづまる。その、行きづまるということが必要です。

親鸞聖人は、還相回向について、「証巻」で、

二つに還相《げんそう》の回向《えこう》と言うは、すなわちこれ利《り》他《た》教《きょう》化《け》地《じ》の益《やく》なり。（聖典二八四頁）

と言われています。

「利他教化地の益なり」の教化地というのは、場のはたらきのことです。ですから、還相回向は場のはたらきによるものだということです。土徳という言葉があります。念仏者が生まれ、死んでいった念仏者の歩みが大地に染みこんでいる。その大地が、念仏者を育てるということがある。もっと言えば「大地の会」に来れば聞法をさせられる。しかし、聞法者が集まっていれば、それだけで場がはたらくことにはならない。それは一人ひとりの聞法が、個人的なものに止まっているからでしょう。端的には、場を開くということです。その人がいるとき、その場が聞法をさせる。何もその人自身がというわけではないのです

が、その人がいるところが何か、いつも眠らせないとか、そういう場を開くのです。

そして私たちは、場に育てられる。私たちにとって、還相回向というのは場だと。場をたまわる。僧伽をたまわっているということが、還相の徳である。そこによき人、師があり、友がある。そこに師と友が共に生き続けていく法がある。そういう世界に触れたものとして、聞法者たらしめられる。還相は、端的にはこの私が聞法をする身にされたということです。とにもかくにも、私が教えの言葉の前に座るという存在になっている。ある意味で、自分の意識、自分の感覚というものをどれだけひっくり返しても、それは出てこないでしょう。

曽我先生は、「還相というのは発見の力だ」と言われました。私を押し出す力、私を押し出すものは、私に先だって歩んだ人びとの歴史、私に先だって歩んだ人びとの存在であり、人びとが開いていた歴史、世界である。それが私を押し出している。曽我先生の言われる還相というのは、自分の存在に歴史的意義を感ずるということなのです。自分の存在に歴史的意義を感じる。個人としては、まことにお粗末な存在、ささやかだけれど、その私が聞法の場にいるということは、ただごとではない。聞法の場にいることの事実を成り立たせている根源、そういう事実を生み出している根源を、還相という。その歴史に促されて、一人ひとりが「一人」として一歩、一歩を歩む、そこにひとつの往相がある。

つまり真の歩みというものは、徹底して主体的であると同時に、広くは全人的です。徹底して主体的だということは、個人的だということではない。その人において、人間の事実が託されている。菩提心というものは、端的に言えば我が身において人間性を尽くす、人間の事実を尽くす。法に照らされながら人間性を尽くしていこう、人間の事実を尽くしていく。宗教心というのは、自己を人間として生きることだということになります。

愛する子どもを亡くした母親が、「仏陀ならば生き返らせることができる」と迫ったことに対して、仏陀は「この町の中から、一人の死者も出したことのない家の竈《かまど》の灰をもってこい」と言われた。母親は、走り回った挙げ句、そういう家は一軒もないとさとり、「人間は死ぬ存在だ」ということを知るという物語があります。自己の事実を個人的関心だけで生きるのではなく、人間的関心で生きる。個人という世界には、還相というものはないのです。個人のうえに、往相・還相というものはない。いうならば、主体的な面が往相です。そして、全人的な面が還相。人間として自己を生きるというときに、人類の歴史のすべてが学びになる、力になる。そういうものに押し出され、支えられて主体的に生きていく。

二　差別を超える道

真に人間としての歩みであるかぎり、必ず主体的に生きる面と、しかもそれが全人的な歩みだという面がある。

「教巻」に、

謹《つつし》んで浄土真宗を案ずるに、二種の回向《えこう》あり。一つには往相《おうそう》、二つには還相《げんそう》なり。（聖典一五二頁）

という言葉があります。浄土真宗というのは、人間としての意義を回復していく、人間としてのあり方を回復していく歩みです。そこに「来迎」で、迎える、待つということがある。その還相の自覚において、もっと端的には歴史において待たれていたという感覚が生まれる。待たれていた者として、自己に目覚める。待たれていた者として自己に目覚めるとき、自己は、もう個人的な者ではなくなるのです。

そのうえに、他利利他という問題があります。ひとりの歩みというものが、おのずとその歩みに触れた人をして、その人の歩みを促していくという、そういうものが他利となる。利他というのは、他を利する。他を利することは、人間のうえにはない。人間には、他を利することはできない。ただ歩むのは、私の歩みというものが、人間の事実に足をおろしているかぎり、その歩みにおいて私の思いを超えて、歩み自体が他にはたらきかけていく。呼びさまし続けていく。自利他利の全体に、ひとつの利他のはたらきがあるというのが、親鸞聖人の本願力回向です。往相・還相の本願力回向です。本願力回向を利他という。本願力回向は自利に止まることはない。自利が他に利していく。そういう他利利他というものが押さえられるわけです。そういう問題も念頭においていただきながら、「来」という、かえるということ、きたらしめるということ、その二つが見られることを注意していただきたいと思います。

『五会法事讃』の「不簡貧窮将富貴　不簡下智与高才　不簡多聞持浄戒　不簡破戒罪根深」という四句では、「不簡」ということは、同じ「えらぶ」という字でも「選」のほうは多くのなかから見分けていく、より分ける、そういう「選び」。「簡」はひとつの価値意識が入る。善し悪しを見分けて選びとること。善し悪しを見分けて、よいものを抜き出すという意味の「簡び」です。それが、「貧窮将富貴」、「下智与高才」、「多聞持浄戒」と「破戒罪根深」、それぞれのどちらにも価値の優劣をつけない。価値の優劣をつけてよいものをもちだすことをしない、そういう意味で「不簡」と言われているわけです。それに対して親鸞聖人は「不簡」ということで価値の優劣を見ないということですから、いちおう、「平等」ということです。これはまた面倒です。

「不簡」というのは差別しない、価値の優劣をつけて差別をしない。差別をしないということは平等ということ、平等ということは大きな問題ですね。差別がないことは無差別ですが、無差別＝平等と言えるのか。言い換えれば平等ということは、全部のっぺらぼうになることなのか。差別という言葉のもとは、仏教の言葉です。「差別（しゃべつ）」、ある意味で一つひとつのものの違い、個別という意味に近い意味を本来もっていた言葉です。今日では差別というのは、ものの価値をめぐって価値に優劣を与える、価値の優劣を見て下の者をおとしめる、そういうことになってきています。ただそういうとき、今日で言えば平等ということと個別はどうなのか。差別を克服したということが、すなわち一つひとつのものがほんとうに光り輝くことになるのか。

親鸞聖人が、『唯信鈔文意』において、『五会法事讃』から言えば直接には出てこないような釈をされています。それは、

善悪凡夫《ぼんぶ》の、みずからがみをよしとおもうこころをすて、みをたのまず、あしきこころをかえりみず、ひとすじに、具縛《ぐばく》の凡愚《ぼんぐ》、屠沽《とこ》の下類《げるい》、無碍光仏《むげこうぶつ》の不可思議の本願、広大智慧《ちえ》の名号《みょうごう》を信楽《しんぎょう》すれば、煩悩《ぼんのう》を具足しながら、無上大涅槃《だいねはん》にいたるなり。　（聖典五五二頁）

とあります。そして続いて、「具縛とは」「煩悩とは」「屠沽とは」と、こまかにわざわざ釈されています。これは『五会法事讃』からは外れた問題です。そこに、親鸞聖人にとって「簡ばない（不簡）」ということは、ただ単に、もののうえに価値の優劣を見ない、ひとつに見ていくということとしては見ておられないということをうかがわせるのです。

「具縛」の釈では、

具縛《ぐばく》は、よろずの煩悩《ぼんのう》にしばられたるわれらなり。

（『唯信鈔文意』聖典五五二頁）

と、「われら」という言葉が出てきます。自己自身をそこに引きすえておられる。単なる言葉の解釈ではなく、『五会法事讃』の解釈ではなく、そこに自己の名のりをあげておられるのです。そういうことのもっている意味ですね、そういうことをもって、親鸞聖人が、ここでどういうことを言おうとしておられるのか、そういうことがまた私に問われてくるわけです。

『五会法事讃』自体にあっては、「貧窮将富貴」、「下智与高才」、そして「多聞持浄戒」と「破戒罪根深」の優劣を見ない。どちらかを善しとして、えらび分けることをしないというだけの言葉です。しかし、親鸞聖人にあっては、どうも、そうではない。親鸞聖人においては、徹底してこの世の価値意識というものを否定していかれる。人間による人間に対する価値判断を、徹底して否定していかれる。

「行巻」には、

大小の聖人《しょうにん》・重軽《じゅうきょう》の悪人、みな同じく斉《ひと》しく選択《せんじゃく》の大宝海《だいほうかい》に帰して、念仏成仏すべし。

（聖典一八九頁）

とあります。また、「信巻」には、

おおよそ大信海を案《あん》ずれば、貴賤《きせん》・緇素《しそ》を簡《えら》ばず、男女《なんにょ》・老少を謂《い》わず、造罪《ぞうざい》の多少を問わず、

（聖典二三六頁）

と徹底して価値意識を破る、すべてを否定する歩みがあります。ひとつの立場に立って物事のうえに優劣、価値の上下を見る心をひるがえす。そういう価値意識を否定した目をもつということが、特に親鸞聖人にあっては徹底しているわけです。

三　自力のこころをすつ

また、一方において、

よろずの煩悩《ぼんのう》にしばられたるわれらなり。（『唯信鈔文意』聖典五五二頁）

いし・かわら・つぶてのごとくなるわれらなり。（『唯信鈔文意』聖典五五三頁）

というような名のりがあります。

広く言えば、平等とは何か。ひとつのこととして、平等は状態ではない。平等覚という言葉をもっている。そういうことをひとつ手掛かりとして考えなければと思います。

『五会法事讃』の「但使回心多念仏　能令瓦礫変成金」（聖典九一九頁）の言葉について、親鸞聖人は、大事な釈をつけておられます。それは、

自力のこころをすつというは、ようよう、さまざまの、大小聖人《しょうにん》、善悪凡夫《ぼんぶ》の、みずからがみをよしとおもうこころをすて、みをたのまず、あしきこころをかえりみず、ひとすじに、具縛《ぐばく》の凡愚《ぼんぐ》、屠《と》沽《こ》の下類《げるい》、無碍光仏《むげこうぶつ》の不可思議の本願、広大智慧《ちえ》の名号《みょうごう》を信楽《しんぎょう》すれば、煩悩《ぼんのう》を具足しながら、無上大涅槃《だいねはん》にいたるなり。具縛《ぐばく》は、よろずの煩悩にしばられたるわれらなり。煩《ぼん》は、みをわずらわす。悩《のう》は、こころをなやますという。屠《と》は、よろずのいきたるものを、ころし、ほふるものなり。これは、りょうしというものなり。沽《こ》は、よろずのものを、うりかうものなり。これは、あき人《びと》なり。これらを下類《げるい》というなり。「能令瓦礫変成金《のうりょうがりゃくへんじょうこん》」というは、「能《のう》」は、よくという。「令《りょう》」は、せしむという。

「瓦《が》」は、かわらという。「礫《りゃく》」は、つぶてという。「変成金《へんじょうこん》」は、「変成《へんじょう》」は、かえなすという。「金《こん》」は、こがねという。かわら・つぶてをこがねにかえなさしめんがごとしと、たとえたまえるなり。りょうし・あき人《びと》、さまざまのものは、みな、いし・かわら・つぶてのごとくなるわれらなり。如来《にょらい》の御《おん》ちかいを、ふたごころなく信楽《しんぎょう》すれば、摂取《せっしゅ》のひかりのなかにおさめとられまいらせて、かならず大涅槃《だいねはん》のさとりをひらかしめたまうは、すなわち、りょうし・あき人《びと》などは、いし・かわら・つぶてなんどを、よくこがねとなさしめんがごとしとたとえたまえるなり。摂取《せっしゅ》のひかりともうすは、阿弥陀仏《あみだぶつ》の御《おん》こころにおさめとりたまうゆえなり。文《もん》のこころは、おもうほどはもうしあらわし候わねども、あらあらもうすなり。ふかきことは、これにておしはからせたまうべし。この文《もん》は慈《じ》愍《みん》三蔵ともうす聖人《しょうにん》の御釈《ごしゃく》なり。震旦《しんだん》には、恵日《えにち》三蔵ともうすなり。

(『唯信鈔文意』聖典五五二～五五三頁)

というものです。

この言葉は、ある意味で『五会法事讃』の偈文からは横へそれたような形で、自分で書き添えられた言葉、「具縛の凡愚、屠沽の下類」という言葉を、またこまかに釈されているわけです。最後のところに「文のこころは、おもうほどはもうしあらわし候わねども、あらあらもうすなり。ふかきことは、これにておしはからせたまうべし」と、わざわざこういう言葉を添えておられる。親鸞聖人がこめておられる思いに、深いものがあることが感じられるわけです。

この文を読み取っていきますと、主語と述語の関係とかをつかめないところがあり、読むのに苦労します。けれども、「但使回心多念仏」という偈文のなかの、「回心」「多念仏」という言葉を、「自力の心をひるがえし、すつる」であると受け止められて、「自力のこころをすつというは」と進められています。その文によってみますと、「自力の心」の姿を四つあげられます。

第一が、「自らが身をよしと思う心」です。これは、自尊心でもあるのでしょう。

それから第二が、「身をたのむ心」です。身というところには、もちろんその人の生きている生活全体が、身という言葉で表されるわけです。身の事実というときには、ただ肉体だけではなく、その人の生活原理も含めて、身の事実と言われます。

また、自分の身を粗末にする、身を軽んじるということには、不摂生をして軽んじるということもあります。同時に、何かの使命感なり、自分の信ずるところに生活をかけて、我が身、体をかえりみる暇をもたないということもあります。しかしいずれにしても、身を軽んじるということは、たまわっているものを軽んじる、自己という存在を自己の所有物として生きるということがあるのでしょう。

学生のときに家に親父が来まして、「体を粗末にするな」といったのを憶えています。何か身をかえりみるということではなくて、たまわっている体として、そういうことから出発するようにという気持ちをこめて、言ってくれたように思います。

その次、第三には、「悪しき心をかえりみる」です。

聖典の『唯信鈔文意』では、

あしきこころをかえりみず、（聖典五五二頁）

とありますが、大谷大学蔵本の『唯信鈔文意』では、

あしきこころをさかしくかえりみず、またひとをあしよしとおもうこころをすてて（聖典一〇七三頁）

とあります。賢ぶって小賢しく、乱暴に言えば偽善者ぶってという言葉に近いかと思います。そういう小賢しくかえりみて、そして人のうえに善し悪しを思う、そういう心が第三の自力の心です。

それから第四は、「よしあしと思う心」です。そういう自力の心を捨てる。自力の心をすてるということは、「自力はまちがっていたから自力をやめよう」という話ではない。その生活を、讃嘆の心と懺悔の心が貫く。感謝と感動。そのことが「ひとすじに、具縛の凡愚」として自覚されてくる。

ここのところは、ちょっと読みますと、自力の心を捨てるという精神的なひとつの変革、精神的な回心というものが遂げられるならば、一切の問題が解決する、「煩悩を具足しながら、無上大涅槃にいたるなり」と言われるのですから、すべての問題は解決するように思ってしまいます。自力の心をすてて「無碍光仏の不可思議の本願、広大智慧の名号を信楽すれば、煩悩を具足しながら、無上大涅槃にいたるなり」と言われています。精神的な変革によってすべてが解決するというように、ちょっと読みますとそういうように読み取れる、果たしてそういうことなのか。

そこにまず、注意されることは、

具縛《ぐばく》は、よろずの煩悩《ぼんのう》にしばられたるわれらなり。　（『唯信鈔文意』聖典五五二頁）

とあり、そこに「われら」という言葉があることに注意を引かれます。また、

いし・かわら・つぶてのごとくなるわれらなり。　（『唯信鈔文意』聖典五五三頁）

と、「われら」という名のりが繰り返されています。

聖典の『唯信鈔文意』では、

かわら・つぶてをこがねにかえなさしめんがごとしと、　（聖典五五三頁）

とある、その「つぶてを」のところが、大谷大学蔵本の『唯信鈔文意』では、

つぶてのごとくなるわれらを

となっていて、ここにも「われら」という言葉が繰り返されています。

（聖典一〇七三頁）

四　具縛の凡愚、屠沽の下類

つまり、親鸞聖人は、「具縛《ぐばく》の凡愚《ぼんぐ》、屠沽《とこ》の下類《げるい》」というものに対して、自分の生活の現実を引きすえて語っておられるのです。本来、凡夫という言葉は、生活者を表す言葉です。生活ということは、衣食住に心を煩わされる。そういう悲しさにあるものが凡夫です。衣食、食うことと着ることのふたつが整わなければ、まことにみじめで悲しい思いをしなければならない。だからこそ、そういうことに脅かされてみじめな思いに耐えながら、衣食のために現実と常に妥協して生きていかなければならない。自分の思想というものを貫くことが困難である。衣食のために妥協を繰り返さざるをえないあり方として、人間が身をもって生活の場に立つとき、人間は凡夫たらざるをえない。それこそ、出家者として山に籠もって、ひたすらに生きるというときには、思いのごとくに生きるということが成り立つのです。ところが、人間関係や家族関係をもちながら、衣食に追われるというあり方では、自分の思いを貫くことはできません。

『観無量寿経』には、

汝《なんじ》はこれ凡夫《ぼんぶ》なり。心想羸劣《しんそうるいれつ》にして未《いま》だ天眼《てんげん》を得ず、

（聖典九五頁）

とあります。この言葉は、簡単に言えば意志薄弱ということですが、言い換えれば現実生活の重さにあえ

いでいるということで、そういう凡夫というあり方は、生活者という意味を示しているのです。

「屠沽の下類」というのは、明確に社会における差別を意識されています。社会的な蔑視にさらされて生きている、そういうあり方を「いし・かわら・つぶてのごとくなるわれらなり」と言われるわけです。「いし・かわら・つぶて」という言葉のイメージ、そこには「価値なき者」ということがあります。世にあって無視されている、誰も心して目を止めない。山本有三に『路傍の石』という小説がありますが、石は路傍に結びつく。路の傍ら、道端にあって誰ひとり心して眼差しを向けない。人間としての眼差しを向けられたことがない、向けられることのない者。

もうひとつは、石ということでは、物言わぬ石。『聖書』のルカ伝十九章に、「あなたがたに言うが、もしこの人たちが黙れば、石が叫ぶであろう」という言葉がありました。つまり虐げられた人びとが、もし言葉を奪いとられたとき、石が叫ぶ。物言わぬ石ですら叫ぶ、叫ばずにいられないことだという、「物言わぬ石」というイメージですね。「路傍の石」というイメージ。「いし・かわら・つぶて」ということでは、このふたつの言葉が思いあわされるわけです。

椎名麟三が共産党から転向して、自分というものに打ちのめされて虚無的な思いでいたときに、その椎名さんを文学者としてよみがえらせたのは、ドストエフスキーの作品だったと書いておられます。それはどんなに苦しくて、どんなに辛くても「苦しい」と叫ぶ自由はある。「苦しい」と叫ぶことはできる。どんな苦しみにうちひしがれておろうと、いつも「苦しい」と叫ぶことはできるという。椎名さんの小説家としての出発は、自ら「苦しい」と叫ぶ叫びであった。そういう苦しいとき、辛いときも「苦しい、悲しい」と叫ぶ、人間としての叫びが、文字通り、人間の魂の叫びであったときに、まわりの人びとの魂を打つ。そういうことがおこるのでありましょう。

いまここでは、「苦しい」と叫ぶことすら奪われている。この差別されている者が、それを「苦しい」と叫ぶことは、そのまま体制に対する反抗となる。社会的な差別のなかにおかれている者が、自分のおかれている状況を「苦しい」と、ひとりの人間としての叫びをあげるならば、社会に対する抵抗という意味をもつ。したがって、そういう人びとの本当の不幸というものは、これを人に訴えることができないばかりか、その不幸を他人にさとられることをおそれるというあり方です。自分が不幸であると感じていると、人にさとられることすらおそれる。そういうことをおそれざるをえない、社会的な状況におかれている。そういう状況に、被差別者はもっていかれるのです。被差別者を物言わぬ存在に仕向けて、社会はそのうえに立って、「差別されている者はいない」と言うのですね。

ヨーロッパにおけるユダヤ人差別に対して、サルトルが書いています。「積極的に差別する人たちはもちろんある。しかし、そういう差別を持続させていくものは一般の人びとである。その人びとはけっして差別する意識などは積極的にもっていない。ただその人たちの生き方はこだまであり、ざわめきでしかない。世間の大きな声にこだまする、力のあるものの言葉にこだまする。世間の「そうだ、そうだ」という噂話、ざわめき、誰が言い始めたわけでもない世間的な言葉を無責任に繰り返し、自分も周りにまき散らしていく、こだまやざわめきとして生きていく。その人びとはけっして積極的には差別しない。こだま、ざわめきとしてのあり方が結果としてその差別をいつまでも持続させていく。最も深い、差別問題は、こだま、ざわめきとして生きるものの生き方だ」（岩波新書『ユダヤ人』取意）と。

差別している者を批判することは、ある意味でストレートにできる。ところが、「こだま、ざわめき」

という存在は、簡単に批判することはできません。今はマスコミも含めて、そういう人の存在がある。そういうあり方、自分を含めてどこまで私たちが、こだま的存在でないか、ざわめき的存在でないかということを考えると、忸怩たるものがあるわけですが、そういうサルトルの指摘があります。

五　言葉も目も奪われた人

『無量寿経』では、菩薩の徳を讃嘆するところに、

もろもろの庶類《しょるい》のために請《しょう》せざる友と作《な》る。群生《ぐんじょう》を荷負《かふ》してこれを重担《じゅうたん》とす。（中略）請《しょう》せざる法をもってもろもろの黎庶《れいしょ》に施《ほどこ》すこと、純孝《じゅんきょう》の子の父母《ぶも》を愛敬《あいきょう》するがごとし。（聖典六頁）

と、こういう言葉があります。

ここに、「庶類」とか「黎庶」とありますが、これは庶民という意味の言葉です。何もないけれども、一つ屋根の下で灯火を囲んで、無事な顔を見あわせる。そのことにささやかな喜びをもって生きている、これが庶民です。何ひとつないけれども、しかし灯火のもとで無事な顔を喜びあうという場を、ささやかに生きている人びと。黎庶というのは、「黎首」という熟語があり、黒髪の人の意で、古代中国にあっては位に応じて色分けされた冠をかぶる。髪の毛をむき出しにして歩いている者は、無位無官の者です。社会的に地位をもたない無位無官の者が、黎庶です。庶類とか黎庶というのは、その意味で言葉を奪われている者、たとえ言葉を発しても聞いてもらうことのできない者のことです。

『十七条憲法』の第五条に、

五《いつ》つに曰《い》わく、餮《あじわいのむさぼり》を絶ち欲《たからのほしみ》することを棄《す》てて、明らかに訴訟《うったえ》を弁《さだ》めよ。其《そ》れ百姓《おおみたから》の訟《うったえ》、一日《ひとひ》に千事《ちわざ》あり。一日《ひとひ》すらもなおしかるを、いわんや歳《とし》を累《かさ》ねてをや。頃《このごろ》訟《うったえ》を治むる者《ひとども》、利《くぼさ》を得て常《ごと》とし、賄《まいない》を見ては讞《ことわりもう》すを聴《き》く。すなわち財《たから》有るものが訟《うったえ》は、石をもて水に投ぐるが如し。乏《とも》しき者《ひと》の訴《うったえ》は、水をもて石に投ぐるに似たり。是《ここ》をもって貧しき民《おおみたから》は、所由《せんすべ》を知らず。臣《やっこらま》の道また焉《ここ》に闕《か》けぬ。

（聖典九六四頁）

とあります。

財有る者、金がある者、社会的に力がある者の訴えは、ちょうど石を水に投げるようなものだ。大きな音がし、みんなが振り返る。それに対して「乏しき者の訴えは、水をもて石に投ぐるに似たり」ですから、水をまくようなものでほとんど音がしない。したがって人も気づかない。誰もその言葉に耳を傾ける者がいない。力ある者の訴えは石を水に投げるようなもの、力なき者の訴えは水を石に投げるようなもの。少しも言葉を聞き取られず、耳を傾けてもらえないと言われるのです。

「不請の友」とか「不請の法」は、言葉にならない言葉を聞き取る。言葉にならないその人のいのちの叫びを聞き取る者、いのちの叫びに応える法、そういう意味があります。「いし・かわら」というのは、言葉をもたない、「苦しい」ということすら言えない、そういう存在。

『十七条憲法』には、「是をもって貧しき民は、所由を知らず」とあります。「民」という字は、象形文字ではという字で、目を刺して視力を失わせていることを表しているものです。古代中国にあって奴隷が逃亡しないように奴隷の目を潰すことがあったそうです。目を潰し、額に入れ墨をする。放牧されている牛や馬に、焼き印を入れるようなものです。入れ墨をして目を潰す。米を作るような単純な作業なら、目を潰してもできるというわけです。

目を刺されて視力をなくした人が「民」なのです。「民」という言葉自体が、権力者によってつくられた言葉です。「平民」とか「賤民」とか「国民」という場合も同じでしょう。言葉を奪われ、目を奪われる。文字どおり、人格を奪い取る。民、庶類というのは、言葉も目も奪われた人のことを意味するのです。『五会法事讃』の、「但使回心多念仏　能令瓦礫変成金」というのは、文字どおり回心多念仏の功徳によって、「いし・かわら・つぶてが黄金になるようなものだ」という単純な比喩として言われているとしか見えないわけです。しかし、その「いし・かわら・つぶて」というところに、親鸞聖人が「われらなり」と自分の存在をすえられた。それはある意味で、やはり親鸞聖人がそういう人びとのなかに生かされたということを意味するのでしょう。越後流罪の生活のなかで、まさに「いし・かわら・つぶてのごとく」に扱われている人びとの存在から問われている。自らの信心というものが、問い返されている。「われら」という、これもいったい、どこで親鸞聖人が「われら」と言われたのか。そもそも同情とか、いたわりなどによるものではないことはもちろんですね。

西光万吉氏は、「勦《いたわ》る」という言葉に、「奪い取る、殺す」という意味があると言われました。西光万吉氏は、そういう言葉でもって、「人間の勦りが、どういうものかを知った」（『水平社宣言』取意）と言っておられます。「人をいたわる」というのは、いい言葉ですが、やはり問題を含んでもいるのです。

たとえば、お年寄りをいたわると言いますが、そこには、力が弱いからいたわってあげるという思いがあるわけでしょう。そのようにいたわることで、実は力が弱いという意識へ相手をいよいよ追いこんでいく。年寄りをいよいよ年寄りとして自覚させてしまう。そういういたわりは、「存在を奪い取ることだ」

ということを思います。

親鸞聖人は、「いし・かわら・つぶてのごとくなるわれら」と言われますが、親鸞聖人は、どう考えても、そもそも貴族であり、僧侶であって、けっして「いし・かわら・つぶてのごとく」と言われるような存在ではなかったわけです。そういう親鸞聖人が、「いし・かわら・つぶて」と言われる人びとに心を寄せて、「われら」と言われたのではないはずです。逆に、その人びととひとつになりたいということであったとしても、それはどうしても無理なことだったでしょう。

宮沢賢治は、農学校の先生として、お百姓さんのところをまわって指導をしておられました。ところが、そのように農事指導をしているかぎりは、お百姓さんとひとつになることはできないと感じられて、農業学校の教員をすてて自らお百姓となられたのです。そのなかで、あるお百姓のおばあさんから、「先生は自分が選んでこういう生活をしておられる。私らは選びようがなくて、こういう生活のなかに投げだされとる」と批判の言葉を投げかけられたと言われています。このように、どこまでもひとつになるということはできないのです。

六　「みなおなじく等しく」を実現する信心の世界

「われらなり」という言葉は、親鸞聖人の自覚の深さを表すものとして、よく言われるのですが、親鸞聖人が、どのような思いで「われらなり」と言われたのか。本当にひとつになれるという思いで言われたのか、そのことが気にかかるわけです。

宮沢賢治の場合は、農民のなかに飛び込んでも弾きだされました。飛び込んだつもりが、いよいよ絶対に越えることのできない溝を実感させられた。その境遇に投げだされた者と、自ら投げこんだ者との違い。同じ状況に生きると言いましても、そういう状況に投げだされていた者には悲しみがある。一方、自らをそこへ投げだしていった者には、ある種の精神の高揚がある。自ら投げだしていったとしても、その隔たりをどこで埋めえるのか。そこにひとつ思われますことは、その事実に対する悲しみですね。宮沢賢治の場合も、そういう事実に対する悲しみの深さが、人びとの魂を揺さぶる作品となって昇華されている。

あらためて、平等ということが問題となります。「平等になった」ということは、状況として押さえられることではないのです。平等というのは、ついには等しくなりえない、しかし限りなく近くあろうとすることです。ついに平等になりえない悲しみ、平等たりえないという悲しみの深さにおいて限りなく近くあるあり方です。

『浄土論註』に、

いかんぞ阿弥陀仏《あみだぶつ》を見たてまつる時、畢竟《ひっきょう》じて上地《じょうじ》のもろもろの菩薩《ぼさつ》と身等しく法等しきや。答えて曰《い》わく、畢竟《ひっきょう》とは、未《いま》だすなわち等しというにはあらずとなり、と。畢竟じてこの等しきことを失せざるがゆえに、等しと言うならくのみ、と。

（「証巻」聖典二八六頁）

と言われています。

「答えて曰わく、畢竟とは、未だすなわち等しというにはあらずとなり、と。畢竟じてこの等しきことを失せざるがゆえに、等しと言うならくのみ、と」というのは、微妙な言い方ですね。この「未だすなわち等しというにはあらず」というのは、そっくりそのまま「等しい」というわけではないということでしょう。ただ「等しく生きる」という徳を失わない、「失せざる」。「等しく生きる」という徳を、そのあり方において失わずに「等しくあろうとする」その心。しかしどこまでいっても等しくはならないという「悲しみ」。それだけが限りなく近く生きる、限りなく等しくあろうとする歩みとして生きられる。このように説かれている。「畢竟じて」という言葉が、ひとつ思われることです。これはまた、お考えいただきたいと思います。

「われら」という言葉については、金子大榮先生が、「われ」というのは自己主張であり、「われわれ」という責任回避に対して、「われら」というのは「なお、われとなす」という自覚の言葉だ、と言ってくださっています。自己主張の「われ」、「われわれ」という数のなかに埋没していく責任回避の「われわれ」。それに対して「われら」は、全体をになって歩もうとする、「なお、われとして生きる」という、そういう言葉として注意されています。「われらなり」という言葉が繰り返されている、そのことをひとつ、お考えいただきたいと思います。

「能令瓦礫変成金」について、『唯信鈔文意』においては、

「能《のう》」は、よくという。「令《りょう》」は、せしむという。「瓦《が》」は、かわらという。「礫《りゃく》」は、つぶてという。「変成金《へんじょうこん》」は、「変成《へんじょう》」は、かえなすという。「金《こん》」は、こがねという。（聖典五五三頁）

と、一語一語の釈をされています。

その意義として、

かわら・つぶてをこがねにかえなさしめんがごとしと、たとえたまえるなり。りょうし・あき人《びと》、さまざまのものは、みな、いし・かわら・つぶてのごとくなるわれらなり。如来《にょらい》の御《おん》ちかいを、ふたご

ころなく信楽《しんぎょう》すれば、摂取《せっしゅ》のひかりのなかにおさめとられまいらせて、かならず大涅槃《だいねはん》のさとりをひらかしめたまうは、すなわち、りょうし・あき人《びと》などは、いし・かわら・つぶてなんどを、よくこがねとなさしめんがごとしとたとえたまえるなり。摂取《せっしゅ》のひかりともうすは、阿弥陀仏《あみだぶつ》の御《おん》こころにおさめとりたまうゆえなり。

（聖典五五三頁）

と言われます。

ここのところが、大谷大学蔵本の『唯信鈔文意』では、「いし・かわら・つぶてのごとくなるわれらなり」以降が、

いし・かわら・つぶてのごとくなるを、如来、摂取のひかりにおさめとりたもうて、すてたまわず。これひとえにまことの信心のゆえなればなりとしるべし。

（聖典一〇七三頁）

これだけの文章になっています。

文章としては、大谷大学蔵本のほうがすっきりしています。しかしそちらですと、内容的には「まことの信心さえうれば」という趣旨で終わるかと思います。つまり、「りょうしやあき人などは、いし・かわら・つぶてのごとき存在であるけれど、信心においてこがねに変え成さしめられる」という意味になるでしょう。

ところが、聖典の文では、「りょうし・あき人などは、いし・かわら・つぶてなんどを、よくこがねとなさしめんがごとし」と言われているわけで、ここでは、「りょうし・あき人」が主語となっていて、「りょうし・あき人が、いし・かわら・つぶてをこがねに変えさせた」という意味になっているのです。これは、「平等」ということ、「差別の克服」ということを言いますときに、ただ差別という状況がなくなる、

差別ということがなくなったということではなく、差別されていた「りょうし・あき人」がどうあるべきかを考えるということにつながると思います。

最近、栗林輝夫著の『荊冠の神学』という本を読みました。栗林氏は、西光万吉氏が書かれたといわれる「水平社宣言」を取り上げられて、そのなかで、

「かつて吾々は賤民だった。今や我等は選民である」と水平社は宣言する。これまで被差別部落は「賤民」というマイナス記号を、差別者の側から押しつけられてきたが、しかし今からは違う。「賤民」をプラスの「選民」へと、象徴言語の次元で転倒することで、彼らは被抑圧者にのみ与えられた使命を自覚し、現実の構造の根にある「聖なるもの」の意識を呼び覚ました。「選民とは選ばれた民といふ事で、特別な名誉の役目を果たす為に選びだされた人民」である。歴史において被抑圧者こそが特別な任務を与えられている。水平社は、卑賤とされた被差別の民を、神的代行者にするほどに、聖なる使命をもった民へと変革した。（中略）

水平社創立の協議で、「賤称」だった「特殊部落」の名称をあえてそのまま宣言に用いたのは、それを「誇りある名にまで向上せしめんとする念願」「穢多であると標榜して、堂々と社会を闊歩し得る輝きの名にしたい」「反対に尊称たらしむるまで、不断の努力をする」ことを決意したからであった。

（『荊冠の神学』九〇～九一頁）

と言われています。

このように、「特殊部落民」「エタ」という自らを差別してきた差別語を積極的に名のり、そのように差別語をあえて名のることで、それをそのまま尊称に変えようとしていると言われるのです。そしてそこに

は、人類において等しく人間であることのいのちを輝かしていく使命を与えられたものとして、「賤民」は「選民」になる。賤称をなくすという方向で平等を築こうとするのではなく、一人ひとりが自らを本当にいのちの輝きをもって名のれる、差別されてきた名を輝きの名にしたい。そういう精神として「水平社宣言」の言葉を読みこんでおられます。

「りょうし・あき人」として下類とされてきた。しかしその人たちこそ、世において価値なきものと無視されてきた「いし・かわら」が、「りょうし・あき人」であることを輝きの名として生きる道を開いていくとき、「りょうし・あき人」という存在を、こがねに変え成すという使命、成しうる人びとなのだ。その歩みがおのずと、世の「いし・かわら」として無視されてきている存在を、こがねに変え成していく。いのちあり、輝きあるものとして変えていく、そういうはたらきをしていくのだという意味があるのでしょう。

西光万吉氏は、親鸞の魂に燃えた信仰の炎というものに照らされ、「賤民」を「選民」として自覚していく道を切り開かれたのだと思われます。

「如来《にょらい》の御《おん》ちかいを、ふたごころなく信楽《しんぎょう》すれば」(『唯信鈔文意』聖典五五三頁)、つまりそれは如来のお誓い、如来の本願は、一切の存在に「本」なる「願」を掘りおこして呼びさます誓いであるわけですから、言い換えれば、一切の存在に本なる願を見るということは、けっして外からひとつの物差しで価値づけるということをしない。外からひとつの立場に立っての物差しではかるということを許さない、そういう世界を開く。一切の存在のかけがえのなさ、本なる願において一切の存在を見いだしていく、になっていく。したがって、そこに大涅槃を得る、無上涅槃を得る。大涅槃というのは、あるいは無上大涅槃というのは、この無上は最上ではない、上限をもたない。これで終わりということはない。いうならば、到達点としたところをすてて歩みだすという、そういう歩みを呼びおこすものとして、親鸞聖人は、信心ということを、「いし・かわら・つぶてのごとく」という文章のなかで展開されているように思います。

繰り返し言いますように、『五会法事讃』の文からは直接出てこない問題を、「いし・かわら・つぶて」ということ、人間の社会的におかれているあり方、「りょうし・あき人」を、そういう者として輝いて受け止める。そういう展開を言っておられるということです。そういうことがひとつ、注意されるわけです。平等ということは、無差別ということだけではないのでしょう。差別が全部なくなれば平等か。親鸞聖人は、「みなおなじく等しく」という一乗ということを、生涯かけてたずねていかれたわけです。そういう課題が、ここであきらかにされていると思われるわけです。

あとがき

本書は、北海道「大地の会」で『唯信鈔』のご講義をいただいた記録であります。『唯信鈔』は、法然上人が信頼された門人のひとり、安居院聖覚法印（一一六七〜一二三五）が承久三（一二二一）年、五十五歳の時に著した書です。そして、親鸞聖人が大切な書として数回書写し門弟に与えているものであります。さらに、『歎異抄』の中に『唯信鈔』の名が引かれているように、『歎異抄』に大きな影響を与えた書でもあります。ところが、これほど大切な書でありながら、この書についての研究書・解説書は決して多いとは言えません。

『唯信鈔』の内容は、法然上人の滅後約十年の後、門下の異流・邪義に対して、『選択集』によって法然上人相承の念仏往生の要義を明らかにしたものです。『唯信鈔』は、聖道を捨て浄土に帰し、雑行をなげすててひとえに念仏を修すべきことを勧めることから説き始められます。そのことについて、本書の講義では、

法然上人の「一枚起請文」には、

只一こうに念仏すべし。

とあります。これが法然上人の結論です。つまり、「三選の文」をとおしてすすめられていることは、この「只一こうに念仏すべし」という一句におさまるわけです。

その言葉を受けて、一心一向に念仏すべしという意義を開いてくるのが聖覚法印の『唯信鈔』であ

り、さらに全仏教の展開のなかで明確にしてこられたのが、親鸞聖人の事業です。（本書六四頁）と押さえられています。ただ、そのような法然上人相承の教えを正しく受け伝える使命を持ちながらも『唯信鈔』の特質として次のように説かれることは極めて重要な指摘であると思われます。それは、

法然上人は、やはり浄土門の独立という使命をになっておられる。ところが聖覚法印は、浄土門に生きる歩みを問題にしておられる、それが違いになってあらわれているのです。『唯信鈔』が、『選択集』を背景にされていることは間違いがありません。しかし、『唯信鈔』においては、その選びの視点は末法濁世の現身というところにおかれている。そのような違いがあるということです。（本書二四頁）

『唯信鈔』の中の言葉では「末法にいたり濁世におよびぬれば、現身にさとりをうること、億億の人の中に一人もありがたし」ということでありますが、この言葉に注目される宮城先生ご自身が「末法濁世の現身」というところでお聖教に向かっておられたことをつねづね拝見させていただきました。そのことは、聖道の諸教の学びの問題点として、次のように指摘されることからも知られるものです。

真理の側に自らをおくということは、いわゆる実践の学びがないということ。現実にはたらくときには、必ずそこに虚仮なるものを知るということがおこる。（中略）親鸞聖人にとって教えとは、そういう意味で教理ではなくて、どこまでも真仮の歩みなのです。（本書五〇頁）

「虚仮なるものを知る」と言い「真仮の歩み」と言われるその言葉の背景に、虚仮なるものの側に自らをおいて学び続けられた先生の生涯を貫く姿勢をうかがわせていただきました。

冒頭に述べたように、本書は北海道「大地の会」での講義録ですが、京都での「大地の会」に長くかか

わり、会の願いを憶念しておられた先生は、北海道「大地の会」に対しても同じような願いをもってご講義くださいました。

ある意味で言えば、こういう大地の会を生み出している力が智慧です。そこに自分たちをここに集まらせているものに出遇っていく。ここで新しいものを学ぶのではない。大地の会なら大地の会という、そういう場を開いているもの、その本来の根本に出遇う。（本書五三頁）

このような「大地の会」の受け止めにも、出遇った世界を仰ぎながら、決して自らを真理の側におくことのない先生の歩みがうかがわれるのです。

その自らにきびしい目をもって、法然上人に学ぶ聖覚法印の意義を見ていかれます。

聖覚法印は、法然上人の「三選の文」における第二・第三の選びの歴史、その事業の全体を、念仏往生というところに受け止めておられるのです。（本書六二頁）

法然上人の事業のすべてを聖覚法印が受け止めて、そこから開いてくる専修と雑修という問題なのです。これが聖覚法印が当時課題とされた、同じ法然門下にあって異義を唱える人びとへの批判になっているのです。（本書六三〜六四頁）

師と出会い師の教えを専修として正しく伝承しながら、唯信という課題を明らかにする弟子の在り方が説かれています。そのことをさらに明確にしているのが次の言葉です。

それで法然上人の場合は、法の廃立ということが課題であったわけです。それが生涯をかけた事業でした。ところが『唯信鈔』においては、法の選びというよりも、どこまでも人間の現実というものに焦点をあてて、往生の行の選びがされている、そういう違いを感じます。（本書一三九頁）

法然上人のもとで共に念仏の教えを聞いた聖覚法印が、「人間の現実に焦点をあてて往生の行の選び」をする、つまり、信を課題として念仏の教えを聞くところに法の成就があることを見ておられるわけです。だからこそ、親鸞聖人にとって『唯信鈔』が大切な聖教として『唯信鈔文意』の筆を執られたのであります。

本講義においては、『唯信鈔』を読みながら、『唯信鈔文意』にふれて親鸞聖人の領解についても述べておられることは言うまでもありません。例をあげれば、『唯信鈔』に引かれる「五会法事讃」の文「聞名念我総来迎」を親鸞聖人が『唯信鈔文意』で釈しておられるところについて、次のように述べられます。

　信心ということが、私たちの心で何かを確かなものとして信ずるという意味ではなく、いうならば歴史となって行じてきている本願の法を聞くということとして教えられているわけです。

　大行・大信という場合の「大」が、歴史を表す。「大行」という場合、私たちが実践するという意味での行ではなく、親鸞聖人にあっては「真実の行」というものは、本願の法というものが人を生み出してくるというものなのです。（本書二〇四頁）

末法五濁の世において、本願の法が、人を生み出す。それが念仏の大行たる所以であります。このことを問い聞き続けることがもっとも肝要であります。

宮城先生は、一つひとつの言葉を丁寧に確認しながら話してくださいました。それは決して訓詁にとどまるものではありません。言葉に向かう向かい方が、まさに求道心そのものであったことを、今は希有のこととして想い起こされます。

さて、本書は冒頭に述べたように、北海道「大地の会」で、一九八九（平成元）年から十年間、年にいちど、二泊三日の集会でご講義いただいたものの前半部分の記録です。紙数の関係ですべてを収めることはできませんでしたが、宮城先生の『唯信鈔』の学び方、お聖教に向かう変わらぬ真摯な姿勢は、言葉の一つひとつに息づいています。そして、生前の宮城先生と直接出会うというご縁のなかった方にも、必ずや、願いに出遇い願いに生きる人、ここにありということを、行間から感じ取っていただけるものと思います。

北海道「大地の会」は、今から五十年余り前から有志によって始められました。会長も会員もなく、先輩から引き継いだ数人の有志の一人が案内を出して、その時々、聞きたい人が集まるというものです。顔ぶれは、二十代から七十代までが、共に机を並べて二泊三日の講義を聞くのです。世代交代しながら、今も同様に続けられています。

本書に収録された講義録の大半は、かつて長い間、有志の一人として事務局を務めてくださった九谷知正氏が、早い時期に原稿整理をしてくださっていたものです。九谷氏も、宮城先生を敬慕しておられましたが、今年七月に命終されました。本書をお見せできなかったことを、申し訳なく思います。

この度の出版にあたって、名畑格、松澤正樹の両氏に終始お世話になりました。ご両人のお力をお借りしなければ本書の出版はできませんでした。心から感謝申し上げ、あとがきとさせていただきます。

（楠　信生）

二〇一八年十二月二十日

宮城　顗（みやぎ　しずか）
1931年、京都市に生まれる。大谷大学文学部卒業。大谷専修学院講師、教学研究所所員、真宗教学研究所所長を歴任。真宗大谷派本福寺前住職。九州大谷短期大学名誉教授。2008年11月21日逝去。

〝このことひとつ〟という歩み
――唯信鈔に聞く――

二〇一九年二月二〇日　初版第一刷発行

著　者　宮城　顗
編　者　北海道「大地の会」
発行者　西村明高
発行所　株式会社　法藏館
京都市下京区正面通烏丸東入
郵便番号　六〇〇-八一五三
電話　〇七五-三四三-〇〇三〇（編集）
〇七五-三四三-五六五六（営業）

装幀者　野田和浩
印刷　立生株式会社・製本　新日本製本株式会社

ISBN 978-4-8318-7917-2 C0015